2 économistes face aux enjeux climatiques

2 économistes face aux enjeux climatiques

roger guesnerie
et nicholas stern

avec la collaboration
de gabriel zucman

[**SAVOIRS ET DÉBATS ÉCONOMIQUES** LE POMMIER !]

[SAVOIRS ET DÉBATS ÉCONOMIQUES]

Nous ne pouvons comprendre le monde en faisant l'impasse de l'économie, aujourd'hui encore moins qu'hier. Les économistes, comme tout un chacun, en sont bien conscients, même si nombre d'entre eux sont réticents à entrer dans un débat de politique économique dont ils redoutent la superficialité. En invitant des professionnels reconnus pour la qualité de leurs travaux à discuter de sujets essentiels, la collection « Savoirs et débats économiques » leur offre l'occasion de transmettre leur connaissance intime des sujets, et de prendre des positions qui ne sont prisonnières ni de l'esprit de chapelle ni des consensus dans l'air du temps. Afin de donner au citoyen un précieux outil de réflexion pour penser l'époque contemporaine.

Relecture : Valérie Poge
Mise en pages : Marina Smid

ISBN : 978-2-7465-0628-2

8, rue Férou – 75006 Paris
www.editions-lepommier.fr

Les auteurs

Roger Guesnerie est professeur au Collège de France depuis 2000 et directeur d'études à l'École des hautes études en sciences sociales. Il est aussi président du Conseil d'administration de l'École d'économie de Paris. Ses publications, de nombreux articles et ouvrages, portent sur un large spectre de sujets de la théorie et de la politique économique. Sur la question climatique, il est l'auteur d'un rapport au Conseil d'analyse économique, « Kyoto et l'économie de l'effet de serre » (La Documentation française, 2003), de plusieurs autres ouvrages dont *Combattre l'effet de serre nous mettra-t-il sur la paille ?* (Le Pommier 2005), *The Design of Climate Policy*, dirigé avec H. Tulkens (MIT Press, 2008) et d'articles spécialisés.

Nicholas Stern est le « IG Patel Professor of Economics and Government » à la London School of Economics et le Président du Grantham Research Institute sur le Changement Climatique et l'Environnement. Il a été professeur ou chercheur à Oxford, au MIT, à l'École Polytechnique, à Warwick, et professeur invité à l'Université du Peuple de Chine et à l'Indian Statistical Institute. Il a été titulaire en 2009-2010 de la chaire annuelle « Développement Durable : Environnement, Energie et Société » du Collège de France. Il a aussi assuré les fonctions d'« économiste en chef » de la Banque européenne pour la reconstruction et le développement et de la Banque mondiale, et ensuite celles de directeur des services économiques du Gouvernement britannique (2003-2007). Il a dirigé l'étude de référence sur l'économie du changement climatique connue sous le nom de *Stern Review*. Il est devenu Sir (2004) puis Lord Stern (Baron Stern of Brentford, 2007).

Gabriel Zucman termine sa thèse à l'École d'économie de Paris. Il est le rédacteur en chef de la revue *Regards croisés sur l'économie*.

Sommaire

Le projet de ce livre est consécutif au passage de Nicholas Stern au Collège de France en 2009-2010.

Titulaire de la chaire annuelle « Développement durable, Environnement, Énergie et Société », il y a enseigné un cours intitulé « Gérer le changement climatique, promouvoir la croissance, le développement et l'équité ».

Les discussions informelles entre les deux auteurs sur les questions de politique climatique datent de cette époque et constituent le point de départ de l'ouvrage. Un dialogue plus systématique a alors été envisagé autour des questions qui constituent les têtes de chapitre de l'ouvrage. Il s'est concrétisé dans une série d'échanges, d'abord oraux dans le cadre de conversations le plus souvent bilingues, qui ont pris place à Paris, principalement au cours de l'année 2011. Tant la réalisation de ces discussions que leur mise en forme ultérieure à partir du matériau brut doivent beaucoup au travail de Gabriel Zucman, doctorant à l'École d'économie de Paris et qui a été l'assistant de N. Stern dans le cadre de son cours 2009-2010 à Paris.

L'ouvrage comporte trois parties : la première, consacrée au problème climatique, met l'accent sur la vision qu'en ont les économistes. La deuxième est consacrée aux politiques climatiques régionales et globales et la troisième est axée sur la question centrale des négociations internationales.

Deux Économistes face aux enjeux climatiques reflète la culture partagée des auteurs, et revendiquée dans le titre, mais renvoie à des sensibilités et à des opinions différentes sur plusieurs questions importantes, sur lesquelles le dialogue se veut à la fois courtois et exigeant.

1. Le problème climatique et sa lecture par les économistes

Les processus physiques à l'origine du changement climatique sont connus depuis près de deux siècles. En 1827, le Français Joseph Fourier montre que l'atmosphère terrestre piège la chaleur : si l'atmosphère n'existait pas, la Terre serait bien plus froide qu'elle n'est. En 1861, le physicien britannique John Tyndall identifie les gaz qui piègent la chaleur dans l'atmosphère, et en 1896 le Suédois Svante Arrhenius calcule l'effet potentiel qu'aurait sur la température terrestre un doublement de la concentration en gaz à effet de serre dans l'atmosphère.

La physique du changement climatique est simple à comprendre : certains gaz (comme le CO_2, le N_2O, le CH_4, etc.) peuvent entraver le passage des radiations infrarouges. L'énergie reçue de l'espace est partiellement piégée, ce qui provoque une augmentation des températures avec un effet déterminant sur le climat.

La plupart des activités quotidiennes de l'homme impliquent, directement ou indirectement, l'émission de gaz à effet de serre.

Les pays développés (qui comptent 1 milliard d'habitants sur les 7 milliards qui vivent sur Terre) sont responsables de l'essentiel des émissions passées, et au sein d'un pays, les plus riches émettent en général plus de gaz à effet de serre que les plus pauvres. Environ deux tiers des émissions globales sont associées à la production et à l'utilisation de l'énergie et le tiers restant vient de la déforestation et de l'agriculture. En France, les émissions viennent de la production d'énergie (moins de 20 %, pourcentage faible par rapport à son niveau dans le monde), des transports (un tiers), de l'industrie (environ 22 %), le reste venant de l'agriculture et du résidentiel.

La concentration en gaz à effet de serre dans l'atmosphère est passée de 285 parties par millions (ppm) dans les années 1800 à plus de 435 ppm de CO_2 équivalent aujourd'hui, largement en raison de l'industrialisation, de la croissance et de l'utilisation des hydrocarbures (charbon, pétrole, gaz naturel) qui les accompagnent. De 1930 à 1950, la concentration a augmenté d'environ 0,5 ppm par an ; de 1950 à 1970 d'environ 1 ppm par an ; de 1970 à 1990 de 2 ppm par an ; et au cours de la dernière décennie de 2,5 ppm par an.

Aujourd'hui, le plus gros émetteur est la Chine, suivie de près par les États-Unis ; puis viennent l'Union européenne, l'Indonésie, le Brésil, la Russie, l'Inde et le Japon. Au cours des 20 prochaines années, les pays en développement vont avoir un rôle de plus en plus important dans l'augmentation des émissions totales. D'ici à 2050, la planète pourrait compter

9 milliards d'habitants, dont 8 milliards vivront dans les pays actuellement en développement.

Quels sont les risques du changement climatique ?

NICHOLAS STERN : Si nous ne changeons rien au cours actuel des émissions de gaz à effet de serre (GES), il existe une probabilité élevée que surviennent des événements catastrophiques. S'en tenir au « *business as usual* », le fil de l'eau, si l'on veut, aurait des conséquences sans doute dramatiques. Comme indiqué dans l'introduction à cette partie, la concentration en gaz à effet de serre dans l'atmosphère s'élève aujourd'hui à environ 435 parties par millions (ppm) de dioxyde de carbone équivalent (CO_2e)[1]. Si nous ne changeons rien à nos comportements au cours des 100 prochaines années, cette concentration est appelée à augmenter d'au moins 300 ppm, pour atteindre à la fin du XXIe siècle environ 750 ppm de CO_2e, voire plus. À ce niveau de concentration, les températures auraient environ une chance sur deux de dépasser de 5 °C le

1. Le gaz carbonique, ou dioxyde de carbone, est le principal gaz à effet de serre, mais il faut tenir compte, pour évaluer l'intensité de l'effet, des autres gaz qui y contribuent, dont le principal est le méthane. Les comparaisons des contributions de chacun de ces gaz à l'effet de serre ont conduit les scientifiques à établir des équivalences et ainsi à construire un indice synthétique de CO_2 équivalent.

niveau qui était le leur pendant l'ère préindustrielle. Plus 5 °C nous conduirait à un niveau de température inédit depuis 30 millions d'années, et, bien sûr, *Homo sapiens*, qui n'existe que depuis environ 250 000 ans, n'a jamais été confronté à une telle hausse. Pour imaginer ce à quoi le monde ressemblerait, il faut garder à l'esprit que les effets sur la vie et la subsistance passent largement par l'eau, et ce d'une manière ou d'une autre – crues, inondations, sécheresses, désertification, tempêtes, montée du niveau de la mer.

Pour essayer de comprendre l'ampleur du changement qui prévaudrait dans un monde où les températures auraient augmenté de 5 °C, par rapport à la température actuelle, on peut revenir à ce qui s'est passé dans une situation symétrique et observer les transformations qu'avait provoquées le dernier âge glaciaire, quand les températures étaient inférieures de 5 °C à leur niveau actuel. La géographie de la planète n'avait tout simplement rien à voir avec celle d'aujourd'hui : le Royaume-Uni et le nord de la France étaient dépeuplés, car quasiment inhabitables ; la plupart des hommes vivaient plus près de l'équateur. Notre civilisation n'a commencé à se développer qu'après la fin du dernier âge glaciaire, il y a 8 000 ans. La sédentarisation et l'agriculture, en particulier, sont postérieures à l'âge glaciaire. Depuis 8 000 ans, les températures n'ont fluctué que de plus ou moins 1,5 °C.

Il faut donc avant tout reconnaître que le changement climatique est un problème de gestion des risques d'une ampleur absolument inédite. En particulier, des centaines de millions, voire des milliards, de personnes pourraient être confrontées à des accroissements de température de 4 ou 5 °C. Des conflits sévères, étendus et larges sont à redouter.

Les scientifiques ont suggéré un accroissement de 2 °C au-dessus de la température globale du XIXe siècle comme une limite souhaitable et considèrent des températures plus élevées comme dangereuses. Une raison principale est qu'au-dessus de 2 °C les risques de basculement et de rétroactions accélérant le phénomène s'accroissent fortement.

Roger Guesnerie : Je souscris entièrement à l'analyse que fait Nick. Le fond du problème climatique est qu'il est difficile de décrire une planète Terre sur laquelle la température moyenne serait de cinq degrés supérieure à la température moyenne du XIXe siècle. On pourrait penser naïvement que cette différence n'est pas si grande, mais ce serait une erreur majeure d'appréciation : à nouveau, la comparaison avec la situation symétrique, la fin de l'âge glaciaire, suggère des bouleversements d'une ampleur que l'on peine à imaginer et à laquelle l'homme n'a jamais été confronté auparavant. Le changement climatique est un problème qui met en cause la responsabilité de notre espèce (il est d'origine « anthropique », comme disent joliment les climatologues), et c'est un problème d'une gravité exceptionnelle : pour la première fois dans l'histoire de l'humanité, l'activité des hommes et leur négligence à prendre au sérieux les conséquences de leur activité menacent l'intégrité du « vaisseau spatial Terre » sur lequel nous sommes tous embarqués – ce qui n'est pas rien.

N'y a-t-il pas des incertitudes sur les effets potentiels du changement climatique, qu'elles portent sur le plan scientifique ou sur le plan économique ?

RG : Bien sûr. Tout est loin d'être parfaitement connu et il y a des incertitudes scientifiques, pour lesquelles nous ne sommes pas directement experts, puisque nous ne sommes pas climatologues. Ma compréhension repose sur des lectures inégalement approfondies et des discussions avec les uns et les autres. Elle conduit à distinguer six niveaux d'incertitude.

1. Le premier a un statut particulier : *on ne connaît pas les niveaux d'émissions futurs*, qui dépendent des décisions que nous allons prendre, donc de l'ambition des politiques climatiques qui seront mises en œuvre au cours des prochaines années.

Les cinq niveaux d'incertitude suivants renvoient à de « l'incertitude scientifique » proprement dite.

2. D'abord, le *lien entre les flux d'émissions et les stocks* de gaz à effet de serre dans l'atmosphère est en partie incertain, tant à court terme qu'à long terme, car la planète a une certaine capacité d'absorption, notamment via les océans. C'est un sujet que les scientifiques continuent à étudier – même si, en la matière, de nombreux progrès ont été réalisés ces dernières années, particulièrement sur le court terme.

3. Les modèles climatiques sont loin de s'accorder parfaitement *sur la façon dont les températures risquent d'évoluer pour un stock de gaz à effet de serre donné*. Ce qui est en cause n'est évidemment pas la physique de base de l'effet de serre, connue depuis longtemps, mais ce qu'on appelle l'analyse des rétroactions. L'augmentation initiale des températures due à une augmentation donnée des concentrations a des effets en retour (les rétroactions dont je parle) sur le niveau d'humidité dans l'atmosphère et sur les surfaces glaciaires aux pôles et donc sur les conditions de la réflexion de l'énergie solaire, l'albédo. Autant l'effet initial est apparemment bien compris – il met en jeu la physique de base, qui est parfaitement claire –, autant les rétroactions sont difficiles à évaluer. Cette évaluation repose sur la construction de grands modèles complexes simulant sur des décennies ou des siècles les évolutions

de l'équilibre de l'atmosphère, et utilisant pour cela toute la puissance du calcul informatique. Les résultats de ces calculs, tous menés avec une grande exigence, restent aujourd'hui relativement dispersés. La dispersion des résultats ne signale pas une subjectivité des études mais reflète une incertitude de la science, qui élargit l'éventail des possibles. À émissions de gaz à effet de serre données, des rétroactions plus fortes que ce que l'on avait initialement envisagé suscitent des augmentations de températures plus importantes. L'imprécision accrue du pronostic est source d'inquiétude et non de réconfort

4. Autre catégorie d'incertitudes, celles qui portent sur *la façon dont les changements moyens de températures affectent globalement mais aussi localement le climat*. Quel est l'effet d'un accroissement moyen de température sur le « climat moyen » de la planète ? Mais quel est le sens des moyennes évoquées ? Comment un accroissement moyen de température se décline-t-il localement ? En termes de températures ? En termes de conditions climatiques (qui dépendent des températures mais aussi des précipitations, des formes d'alternance des saisons, etc.) ? À nouveau la réponse passe par la modélisation climatique. Et, à nouveau, il y a une certaine dispersion des résultats qui suggère qu'ils sont sensibles à certains détails des procédures et à des hypothèses entre lesquelles on ne peut pas encore trancher à ce stade. Le réchauffement

climatique pourrait avoir des effets spécifiques sur les climats localisés, que nous appréhendons encore mal à l'heure actuelle

5. À l'étape suivante, nous ne savons pas exactement *comment les changements du climat vont affecter nos modes de vie*, nos comportements et notre bien-être. Les réactions des hommes au changement de climat sont bien sûr difficiles à prédire avec précision. Cette incertitude supplémentaire relève donc au moins autant des sciences de l'homme que de celles de la nature.

6. Enfin, nous ne sommes pas à l'abri de « surprises », en l'occurrence de mauvaises surprises, comme la fonte du permafrost sibérien[2], ni à l'abri des effets d'emballement qu'elles pourraient susciter.

NS : Il est important de bien distinguer chacun de ces niveaux d'incertitude, car les politiques publiques peuvent intervenir à chaque étape, mais sans doute pas avec la même efficacité ni le même niveau de risque. Ce qu'on appelle *mitigation* en anglais (« atténuation » en

---

2. Une partie du sous-sol sibérien, gelée de façon quasi-permanente (et appelée « pergélisol » ou « permafrost »), renferme de fortes quantités de méthane. Sa libération rapide pourrait conduire à un emballement du processus.
Autre « mauvaise » surprise éventuelle, dont il a été beaucoup discuté, l'affaiblissement ou l'arrêt de la circulation thermohaline associée au Gulf Stream…

français) consiste à agir au stade numéro un : il s'agit de réduire les émissions.

La géo-ingénierie vise à intervenir lors des phases deux à quatre, c'est-à-dire à modifier la planète de façon à ce qu'une augmentation des émissions de gaz à effet de serre ne provoque pas nécessairement un changement du climat. Certains préconisent par exemple d'augmenter la capacité d'absorption des océans. Je trouve cela un peu terrifiant : le climat est tellement complexe que je doute que l'on puisse contrôler les concentrations de la sorte. De plus, il existe des risques très sérieux de détruire les écosystèmes de l'océan et de perturber ses structures chimiques, avec des implications potentiellement graves pour les hommes et la planète. D'autres mettent l'accent sur le développement de technologies qui permettraient d'extraire des gaz à effet de serre de l'atmosphère. La reforestation – avec le pompage du gaz carbonique via la photosynthèse naturelle – pourrait avoir une efficacité substantielle. La photosynthèse artificielle a aussi un potentiel. D'autres chercheurs envisagent la possibilité d'utiliser le CO_2 dans la création de matériaux de construction. C'est une direction de recherche importante.

Enfin, les politiques dites « d'adaptation » concernent la cinquième étape de la chaîne : il s'agit de se préparer au changement du climat en construisant des digues, en modifiant les modes de vie de façon à les rendre plus résistants aux conséquences d'un climat plus hostile. L'adaptation est une question d'une importance cruciale, particulièrement pour les pays les plus pauvres. S'adapter, c'est essentiellement se développer dans un climat plus hostile. L'élévation du niveau des mers, l'augmentation de la violence des tempêtes, la forte hausse des précipitations dans de nombreuses zones, la fonte des glaciers et la déforestation risquent de rendre des centaines de millions de personnes vulnérables aux risques d'inondations. Il faut dès maintenant planifier l'adaptation, aussi bien au niveau national qu'au niveau régional – notamment au niveau des plaines côtières inondables, qui sont fortement peuplées.

Quelles sont les populations qui risquent d'être le plus fortement touchées par le changement du climat ?

NS : Les pays en développement seront touchés en premier et le plus fortement. C'est en partie dû à leur géographie : les pays qui dépendent des eaux himalayennes sont plus vulnérables que la France et le Royaume-Uni. Gérer des changements de températures est plus difficile dans des pays déjà chauds. Cela tient, ensuite, comme on l'a déjà remarqué, au fait que le changement climatique est fondamentalement une perturbation des éléments aquatiques : tempêtes, inondations, sécheresses, augmentation du niveau des mers, etc. Or, dans les pays en développement, de nombreuses activités sont intimement liées à l'eau – les activités agricoles, bien sûr, mais aussi les activités urbaines, comme en témoignent les dégâts occasionnés par le cyclone qui a frappé Bombay en 2005 ou bien par les inondations qui ont touché le Pakistan en 2010. Troisièmement, on résiste en général d'autant mieux aux changements qu'on est riche et qu'on a un niveau d'éducation élevé, car cela permet de changer de travail plus facilement, de se défendre plus facilement. Ces trois aspects – la géographie (l'eau), les revenus et l'éducation – sont au cœur du problème. Mais il existe aussi un effet propre des températures : on a bien moins de risques de mourir d'une vague de chaleur en France qu'en Inde, où tous les ans des milliers de personnes meurent de chaleur pendant l'été. L'effet marginal d'une hausse des températures est amplifié dans les pays où les températures sont déjà élevées.

Les populations les plus pauvres des pays riches risquent aussi d'être durement touchées – rappelez-vous les désolations causées par l'ouragan Katrina dans les quartiers les plus vulnérables de la Nouvelle-Orléans. D'une façon générale, bien que les plus pauvres risquent d'être touchés le plus durement, le changement climatique affectera tout le monde, ne serait-ce qu'en raison des migrations qu'il risque de provoquer.

Comment évaluer les coûts potentiels du changement climatique ?

RG : On peut distinguer au moins trois coûts de nature très différente. D'abord des coûts matériels *stricto sensu* : la construction de digues pour éviter la montée du niveau des mers, les destructions occasionnées par la multiplication des événements extrêmes, etc. Des coûts humains, ensuite. En un certain sens, le changement climatique, à très long terme, peut être vu comme dominé par un processus de relocalisation des êtres humains sur la planète. Ce processus est d'ores et déjà engagé puisque d'ici au milieu du siècle 200 millions de personnes pourraient avoir à émigrer définitivement. Poursuivi et généralisé, ce processus de relocalisation risque d'alimenter des tensions considérables. Il aurait des coûts psychologiques et psychiques difficiles à appréhender mais lourds : ceux des souffrances associées aux migrations forcées et aux conflits qui risquent d'éclater alors. Enfin, si le changement climatique se traduit par une dégradation du climat moyen de la planète, celle-ci deviendra globalement moins hospitalière, un coût pour toutes les générations futures. La biodiversité, par exemple, diminuera. Le rapport Stern est assez complet sur les coûts matériels, un peu moins sur les coûts non marchands. Or, je pense qu'il est essentiel d'insister sur les coûts non marchands, car ils donnent une justification, à mes yeux fondamentale, à la politique climatique.

NS : Le rapport Stern faisait une large place à l'analyse coûts-bénéfices traditionnelle ; avec le recul, je pense qu'il n'a pas consacré suffisamment de place à l'analyse des dommages non marchands. Évaluer les dommages non marchands est évidemment difficile, mais on ne peut pas en faire l'impasse. Et les économistes ont des outils à leur disposition, parce qu'ils travaillent beaucoup sur le risque et l'incertitude.

Dans un cadre strictement « conséquentialiste », nous devrions davantage réfléchir à la santé et à la mort. Un mot sur ce dernier point : si le changement climatique est mal géré, de nombreuses personnes mourront prématurément. Le plus grand événement migratoire que nous ayons connu est sans doute la partition de l'Inde en 1947, au cours de laquelle des millions de personnes ont péri. Le genre de migrations auquel nous risquons d'être confrontés sera probablement violent ; en particulier, comme on l'a noté, le risque est celui de conflits dans le monde, graves et prolongés. Penser à ces sujets est difficile pour tout le monde, y compris pour les économistes. Sur l'autre registre, le changement climatique pourrait changer la donne (négativement) et détériorer les conditions générales de santé auxquelles sont actuellement habituées les populations humaines.

Avec le recul, je pense que le rapport Stern a aussi sous-estimé les risques. La croissance des émissions est aujourd'hui plus rapide que ce que nous avions supposé, l'absorption des gaz à effet de serre est moins importante, et les effets du changement climatique apparaissent malheureusement plus vite que prévu. La déforestation s'accélère dans certains pays clés, à rebours des progrès réalisés ces dernières années.

En cherchant à valoriser les souffrances que le changement climatique pourrait occasionner, ne touche-t-on pas aux limites de la méthodologie économique ?

NS : Vous avez raison : plutôt que de se focaliser d'abord sur les valorisations marchandes et de chercher à tout prix à quantifier les conséquences du changement du climat sur le PIB futur – un exercice qui suggère une capacité quelque peu illusoire à mesurer avec précision – il me semble préférable de partir des risques, de les décrire au mieux, et de se demander comment faire pour les réduire. L'Europe du Sud pourrait par exemple ressembler au Sahara, forçant ses habitants à émigrer. Il faut se demander à quoi ressembleraient des migrations d'une telle ampleur ? Quels bouleversements impliqueraientelles ? Quelles sont les politiques qui permettraient de réduire les risques associés ?

Le changement climatique menace des aspects fondamentaux de l'existence : l'agriculture, l'accès à l'eau, l'environnement.

L'agriculture, d'abord. Certes, à court terme, le changement climatique pourrait avoir un effet légèrement positif sur l'agriculture de quelques pays développés. Mais, dès 1,5 °C d'augmentation des températures par rapport à l'ère préindustrielle, les rendements agricoles baisseraient significativement dans de nombreuses régions, particulièrement dans le monde en développement. Au-delà de 3 °C d'augmentation, tous les pays seraient touchés. L'acidification des océans pourrait survenir très rapidement et menacer la vie marine, avec de graves conséquences sur l'alimentation : le poisson est la protéine animale essentielle pour un milliard de personnes. On voit déjà les migrations de populations de poissons et les tensions consécutives entre les nations concernées s'accroître.

L'accès à l'eau, ensuite : au-delà de + 2 °C, les sources d'eau se raréfieraient dans le pourtour méditerranéen. La montée des mers : au-delà de + 4,5 °C, l'augmentation du niveau des eaux menacerait des grandes villes comme Maputo, la capitale du Mozambique, ou Rotterdam, ou de nombreuses cités riches ou pauvres dans le monde.

Quant aux effets sur l'environnement, ils se font déjà ressentir avec la dégradation des barrières de corail. Avec la progression du réchauffement, un nombre croissant d'espèces risque de disparaître ; la fréquence et l'intensité des tempêtes risquent d'augmenter, tout comme celles des feux de forêt, des sécheresses, des inondations et des vagues de chaleur. Si nous ne rompons pas avec le « *business as usual* », les températures pourraient être de 4 °C à 5 °C plus élevées d'ici à la fin du XXIe siècle. À ce niveau de température, le changement climatique serait profondément destructeur.

L'Institut météorologique britannique (le Hadley Centre) a simulé quelles seraient les conséquences à l'échelon régional d'un monde en moyenne 4 °C plus chaud. Dans certaines régions, le réchauffement pourrait être bien plus élevé (10 °C ou plus) ; l'Arctique pourrait se réchauffer de 15 °C en raison de l'effet cumulé de la fonte des neiges et des glaces (davantage de radiations solaires seraient absorbées). L'Afrique occidentale et méridionale se réchaufferait très fortement (jusqu'à + 10 °C) et s'assécherait, les précipitations pourraient y diminuer de 20 %, tout comme en Amérique centrale, dans le bassin méditerranéen et dans certaines régions côtières d'Australie. Dans d'autres régions à l'inverse, comme en Inde, les précipitations pourraient augmenter de 20 %, augmentant considérablement les risques d'inondations, bouleversant le cycle de la mousson et le débit des fleuves himalayens.

Quand les nations européennes ont créé la Communauté du charbon et de l'acier, puis la Communauté économique européenne et finalement l'Union européenne, leur motivation principale consistait à éviter la répétition des drames qu'ont été les deux guerres mondiales et la Grande Dépression ; à en finir, plus largement, avec des siècles de conflits militaires violents sur le continent. Les Européens ont-ils cherché à quantifier en détail les pertes de bien-être que provoquent une guerre mondiale ou une dépression économique ? Ou ne se sont-ils pas plutôt dit : « Notre incapacité à coopérer et à anticiper les dangers ont eu des conséquences si désastreuses que nous devons absolument changer » ? Nous devons raisonner de la même façon pour le changement climatique, et nous demander : « Combien devons-nous investir ? Combien cela nous coûterait-il d'agir différemment ? »

Je préfère modéliser l'économie de la croissance sobre en carbone, réfléchir aux caractéristiques de la croissance du futur et aux façons d'y parvenir, plutôt que de chercher absolument à appliquer une analyse « coûts-bénéfices » étroite. Celle-ci exige d'évaluer le coût d'événements très incertains, difficiles ou impossibles à probabiliser, dont nous n'avons jamais fait l'expérience. Les économistes sont trop mal armés pour le faire ; et ceux qui s'en sont tenus à ce type d'analyse sont d'ailleurs passés à côté d'éléments importants, ce qui les a conduits à sous-estimer considérablement les conséquences du changement climatique.

En revanche, la modélisation de la croissance sobre en carbone ressemble beaucoup plus à ce à quoi nous sommes habitués. Il s'agit d'étudier les différents modes de production, le progrès technique, la substitution d'un facteur à un autre : nous sommes en terrain connu. Comment faire pour que chacun prenne en considération les bénéfices de la coopération ? Quel genre d'institutions devons-nous mettre en place ? Comment promouvoir un nouveau type de croissance économique ? Pour répondre à ces questions, toutes les branches de la science économique doivent être mobilisées : les théories de la recherche et développement, de la croissance, de l'organisation industrielle ; l'économie géographique, l'histoire économique, l'économie financière, l'économie internationale, la théorie des jeux... Il faut comprendre que la croissance sobre en carbone peut être une nouvelle révolution industrielle ; étudier les révolutions industrielles passées devient alors essentiel.

Les raisons pour lesquelles nous devrions utiliser le vocabulaire « révolution industrielle énergétique » sont l'échelle et l'importance du changement nécessaire. Pour garder une chance raisonnable (disons 50-50) de contenir l'accroissement de température à 2 °C, il nous faut faire tomber nos émissions de 50 milliards de tonnes de CO_2e actuellement à 20 milliards de tonnes en 2050 – une chute par un facteur de 2,5. Donc, si ce qui est produit croît par un facteur de 3 dans les 40 ans qui viennent, les émissions par unité produite doivent chuter par un facteur de 7 ou 8 (3. (2,5)). Cet objectif n'est atteignable que par un changement radical dans tous les principaux secteurs et les grandes régions.

Quand on modélise la croissance sobre en carbone, on reste dans le cadre de pensée « conséquentialiste » qui est celui des économistes. Il s'agit toujours d'analyse « coûts-bénéfices » –, mais cette fois au sens large du terme. C'est l'analyse « coûts-bénéfices » étroite – celle qui ne prend pas en compte toutes les spécificités de la croissance sobre en carbone – qui pose problème. L'analyse élargie que je soutiens sollicite plutôt les regards croisés d'une variété de petits modèles qui éclairent la nature des coûts et les bénéfices de la lutte contre le changement climatique.

RG : La logique économique standard, celle du calcul « coûts-bénéfices » traditionnel, donne malgré tout de bons arguments pour une politique climatique résolue, dès lors que l'on prend convenablement en compte la dimension non marchande du phénomène. Notre mesure usuelle du bien-être, le PIB, est considérablement biaisée vers la valorisation des biens matériels et marchands. Si l'on se soucie du bien-être total des individus, et non du seul bien-être matériel, le calcul économique conduit à mettre beaucoup de poids sur la préservation de la « qualité » de la planète. Prenez un monde simplifié dans lequel il n'existe que deux biens – un bien de consommation standard et le bien environnement. Dans ce cadre, l'attention à la qualité environnementale menacée par le changement climatique conduit à mettre sous le projecteur du calcul économique ce qu'on appelle en termes techniques un effet « prix relatif » : le prix (ou la valeur sociale) du bien « environnement », dont la quantité reste plus ou moins fixe, s'accroît relativement à celui du bien standard, dont la disponibilité augmente au cours du temps. Cet effet contrecarre la dévaluation de l'avenir à laquelle contribue l'utilisation d'un taux d'actualisation élevé.

La notion d'actualisation

En économie, l'actualisation est le processus par lequel on ajuste la valeur d'un bien futur afin de pouvoir la comparer à la valeur qu'aurait ce bien s'il était disponible aujourd'hui. Dans le cadre de l'analyse « coûts-bénéfices », les économistes ont recours à l'actualisation afin de rendre comparables des coûts et des bénéfices qui vont se manifester à différents points du temps. Calculer la *valeur présente* de coûts et de bénéfices futurs, c'est calculer la valeur qu'ont aujourd'hui des coûts et des bénéfices qui ne vont se manifester qu'à l'avenir.

Le *facteur d'actualisation* est, par définition, le ratio de la valeur d'une unité supplémentaire d'un bien dans le futur et de la valeur d'une unité supplémentaire de ce bien aujourd'hui. Par exemple, si un bien vaut 1 s'il est disponible aujourd'hui et 0,98 s'il est disponible l'année prochaine, le facteur d'actualisation est 0,98.

Le *taux d'actualisation* est le taux auquel le facteur d'actualisation décroît au cours du temps. Dans l'exemple précédent, le taux d'actualisation entre cette année et la suivante est égal à 2 %. Il est important de noter que le taux d'actualisation n'est pas nécessairement le même d'un bien à un autre, qu'il n'est pas nécessairement constant au cours du temps, et qu'il n'est pas nécessairement le même d'une personne à une autre. Il n'existe pas *un* taux d'actualisation, mais *des* taux d'actualisation (c'est l'effet « prix relatif » évoqué dans le débat).

Si nous avons peu de pommes aujourd'hui et pensons que nous en aurons plus dans le futur, une pomme en plus aujourd'hui a bien plus de valeur qu'une pomme en plus dans le futur : nous pouvons actualiser fortement. À l'inverse, si nous avons beaucoup de poires aujourd'hui et pensons que les poires vont se raréfier à l'avenir, une poire en plus aujourd'hui n'a pas beaucoup plus de valeur qu'une poire en plus dans le futur : nous pouvons actualiser faiblement, voire à un taux négatif. Dans ce

cas, la valeur relative des pommes par rapport aux poires change au cours du temps.
De même, plus nous pensons que nous serons riches dans le futur, plus il est probable que nous actualisions fortement ; plus nous pensons que nous serons pauvres dans le futur, plus il est probable que nous actualisions faiblement. Des agents myopes peuvent actualiser le futur simplement parce que c'est le futur, indépendamment de toute considération de richesse : c'est l'actualisation due à la *préférence pure pour le présent*.
Actualiser fortement « écrase » l'avenir : cela revient à donner moins de poids à l'avenir qu'au présent. Par exemple, avec un taux d'actualisation de 10 %, il n'est légitime de dépenser 1 euro aujourd'hui pour combattre le changement climatique que si cette dépense est susceptible de rapporter 14 000 euros dans 100 ans ! Avec un taux d'actualisation de 2 %, dépenser 1 euro aujourd'hui est légitime si cette dépense est susceptible de ne rapporter ne serait-ce que 7,30 euros dans 100 ans.
Choisir le bon taux d'actualisation est délicat. Un taux trop élevé sacrifie les intérêts des générations futures. Un taux trop faible conduit les générations actuelles à faire des sacrifices économiquement injustifiés.

Dès lors, même si les générations futures sont mieux dotées que nous en bien de consommation, il vaut la peine que nous investissions aujourd'hui dans l'environnement afin de leur léguer une planète en meilleur état. En particulier, l'argumentaire que je viens d'esquisser fait tomber une objection très fréquemment soulevée contre l'action climatique : pourquoi nous sacrifier pour nos petits-enfants qui seront beaucoup plus riches que nous ? Outre qu'il n'est pas sûr que nos petits-enfants seront si riches, même si c'est le cas, l'action dont ils sont le plus susceptibles de nous être reconnaissants, c'est le legs d'une planète en bon état. L'environnement sera sans doute plus important, peut-être même beaucoup plus important, pour eux que pour nous. Leur léguer un environnement de bonne qualité est donc la meilleure action que nous puissions faire – celle qui a le meilleur rapport qualité-prix. Naturellement cet argument, très traditionnel au fond, n'a de poids que si l'on y adjoint des considérations éthiques : si vous êtes indifférent à ce qui va se passer sur cette planète dans un siècle, on ne pourra guère vous convaincre de la laisser en bon état pour des descendants dont vous ne vous souciez pas. Mais la conjonction de la dimension éthique et de la logique de l'évolution des prix relatifs constitue une justification économique centrale d'une politique climatique rapide et massive.

La logique économique de base justifie largement que l'on cherche à éviter de mettre en péril la planète. Heureusement dira-t-on, mais on peut aller plus loin : l'exploration de modèles simplifiés me suggère que l'action optimale aujourd'hui, mesurée en termes de points de PIB, devrait aller bien au-delà de ce que nous faisons à l'heure actuelle et que ce qui est prévu de faire à court ou moyen terme.

NS : Notons aussi que l'émission de gaz à effet de serre est ce que les économistes appellent une « externalité »[3] et donc source potentielle de ce qui est vu comme un « échec du marché », c'est-à-dire le fait que l'équilibre soit « inefficace », à nouveau au sens de ce terme pour les économistes. Donc, en accroissant les activités moins émettrices et en réduisant les activités qui le sont fortement, on peut limiter l'effet négatif sur la génération présente, en améliorant le bien-être des générations futures. C'est ce que l'on appelle une amélioration au sens de Pareto – dont la justification ne requiert pas de fort recours à l'éthique ou à l'actualisation.

Ne faudrait-il pas attendre que les incertitudes diminuent avant de commencer à lutter contre le changement climatique ?

RG : Ce n'est évidemment pas la conclusion que je viens de suggérer, fondée par ailleurs sur des raisonnements qui tiennent compte de l'incertitude. L'incertitude ne diminue

3. Voir page 47, pour une introduction plus précise du concept.

certainement pas les raisons d'agir ; au contraire elle les accroît. D'abord, parce que les hommes n'aiment pas le risque. Ensuite, pour des raisons qu'essaient d'exprimer, assez maladroitement par ailleurs, les diverses versions du « principe de précaution » : éviter des catastrophes, des « dommages irréversibles à l'environnement » – même de probabilité assez faible – justifie d'agir précocement. Le fait que le pire ne soit pas sûr n'implique pas qu'il ne faille rien faire !

Pensez à un automobiliste au sommet d'un col en hiver ; on l'alerte sur la présence d'une plaque de verglas dans le troisième virage de la descente. Les gens normaux ralentissent... Maintenant supposons que l'automobiliste n'ait pas de certitude mais estime raisonnablement, compte tenu des informations dont il dispose, qu'il a 70 % de chances de trouver une plaque de verglas dangereuse sur son passage. Le bon sens lui recommande de réagir comme s'il était quasi certain que la plaque de verglas existe. Il en va de même pour un calcul économique bien conçu pour aider à la conception de la politique climatique, l'incertitude renforce les arguments en faveur d'une action précoce.

NS : Si l'on analyse clairement tous les dommages, marchands et non marchands, il est clair qu'il faut agir immédiatement contre le changement climatique.

D'abord, pour compléter ce qui vient d'être dit, l'environnement n'est pas qu'un bien de consommation mais aussi un facteur de production. Nous risquons de créer un environnement qui, non seulement nous privera, en tant que consommateurs, d'une planète en bon état, mais qui, de surcroît, affectera, voire bouleversera les conditions générales de la production : le changement climatique pourrait rendre obsolète une très grande partie du stock de capital physique et humain[4] ; les migrations de centaines de millions de personnes pourraient se révéler impossibles à gérer, provoquer des catastrophes et des conflits majeurs. Le changement climatique est déjà un facteur d'affrontement au Darfour, où les tribus nomades se déplacent en quête de meilleurs pâturages.

Et il est tout aussi clair, à mes yeux, que l'incertitude renforce les arguments en faveur d'une action immédiate. L'émission de gaz à effet de serre est un processus largement irréversible : retirer des GES de l'atmosphère est sans doute possible à petite échelle, mais probablement impossible à grande échelle – du moins dans des budgets et des limites de risques raisonnables. Nous ne savons pas quelles conséquences pourrait avoir la géo-ingénierie.

4. Les termes renvoient à deux catégories de la terminologie économique. Le capital physique est constitué par les machines, les infrastructures matérielles… ; le capital humain renvoie, lui, aux connaissances des hommes.

Ainsi, attendre plus pour mieux comprendre l'incertitude est dangereux. D'abord parce qu'il y a une irréversibilité venant de l'enchaînement « flux-stocks » (d'émissions à concentrations). Ensuite parce que l'inaction nous enferme dans le capital et l'infrastructure à haute teneur en carbone, sur un sentier à émissions élevées.

Si l'eau venait à progresser sur les terres, nous ne pourrions, au mieux, que récupérer des terres salinisées, c'est-à-dire durablement inutilisables ou moins productives. Même si nous ne connaissons pas exactement ses effets, nous ne pouvons pas nous permettre de laisser le changement climatique activer des processus irréversibles.

Si l'on agit avec la conviction que la science est exacte mais qu'elle se révèle erronée, les pertes seront limitées – nous aurons un peu trop dépensé, mais nous aurons aussi fait des découvertes intéressantes ; au total nous aurons peut-être perdu 1 ou 2 points de PIB. En revanche, si l'on agit avec la conviction que la science climatique est fausse mais qu'elle se révèle exacte, nous serons victimes de dommages considérables, et au moment où nous réaliserons que la science est exacte, il sera trop tard pour rebrousser chemin ! Or, la probabilité que les climatologues se trompent est faible…

Les économistes ont un peu de mal à prendre en compte l'incertitude particulière qui entoure le changement climatique. Quand on réfléchit à l'incertitude en temps normal, on pense à la perte d'un pari, ou au fait de s'assurer contre un risque. Dans le cas du changement climatique, nous avons affaire à des événements extrêmes, ce qui pousse les économistes aux confins de leur discipline et de leur compréhension. Supposons par exemple que les changements climatiques provoquent la mort prématurée de nombreuses personnes. La tentation est grande, dans ce cadre, de construire des modèles où les pertes peuvent tendre vers l'infini. Mais personne n'est prêt à payer un montant infini pour éviter un accident qui risque de provoquer la mort avec une probabilité, disons, de 1 %. Par exemple, en dépassant les limites de vitesse, certains conducteurs prennent un gros risque, seulement pour arriver quelques minutes plus tôt. Les modèles qui mettent l'accent sur l'existence de pertes potentiellement infinies (par exemple certains modèles de l'excellent économiste Martin Weitzman) me laissent donc sceptiques – bien que ces modèles mettent, à juste titre, l'accent sur l'idée que le changement climatique risque de provoquer des dégâts considérables.

Enfin, et sur un tout autre plan, il faut être bien conscient de la façon dont les lobbys utilisent l'incertitude pour saper la discussion publique. David Michael a écrit un livre remarquable *(Doubt Is Their product)* qui explique comment les lobbys ont utilisé l'incertitude qui entourait les effets du tabac pour saper le discours scientifique (« ils ne savent pas de quoi ils parlent ») ou pour plaider en faveur du statu quo (« attendons d'en savoir plus avant d'agir »). Ces deux stratégies sont exactement celles qui sont utilisées aujourd'hui pour ralentir l'action climatique, comme l'ont montré deux historiens des sciences, Naomi Oreskes et Erik M. Conway, dans un livre récent (*Merchants of Doubt*[5]).

La politique climatique ne risque-t-elle pas d'être inutilement coûteuse si les risques se révèlent finalement moins importants que ce que prédisent les climatologues ?

RG : L'effet de serre est bien établi scientifiquement. Même si l'on est revenu sur son raisonnement précis, l'estimation initiale d'Arrhenius[6] est sur la même ligne que les calculs des modèles climatiques d'aujourd'hui, dès lors que ceux-ci essaient de mieux prendre en compte les fameuses rétroactions. Il existe, au sein de la communauté

5. Traduction parue aux Éditions Le Pommier, sous le titre *Les Marchands de doute*, 2012.

6. S. Arrhenius est un chimiste suédois qui reçut le prix Nobel de chimie en 1903. Il s'est intéressé à l'effet de serre et dans un article publié en 1896, « De l'influence de l'acide carbonique dans l'air… sur la température de la terre », il estime qu'un doublement du taux de CO_2 causerait un réchauffement d'environ 5 °C (soit un peu plus que la moyenne des prévisions des modèles climatiques contemporains, qui vont de 2 à 6 °C).

des climatologues, un très fort consensus autour de la « théorie standard », ainsi que, comme toujours, quelques électrons libres avec des opinions dissidentes. N'étant pas climatologue, et donc sans opinion scientifique personnelle, il me paraît prudent de raisonner comme si la théorie standard avait au moins 70-80 % de chances d'être vraie (sachant que le Groupe d'experts intergouvernemental sur l'évolution du climat – le GIEC – lui en accorde plus de 90 %).

Bien entendu, il demeure comme on l'a vu une forte incertitude scientifique au sein même du cadre de réflexion généralement accepté, que j'ai appelé la « théorie standard ». En l'état actuel des choses, répétons-le, les résultats de modèles climatologiques, qui adoptent tous le cadre intellectuel de cette théorie, laissent planer une incertitude significative sur l'augmentation de la température, qu'il s'agisse de la température moyenne ou de la température locale à la fin du XXIe siècle, c'est-à-dire vers 2100 pour un scénario donné d'émissions de gaz à effet de serre. Il faut donc voir cet accroissement de température comme une variable aléatoire, dont on peut évaluer la moyenne et la variance[7]. Même s'il n'est

7. Et comme on y a fait allusion précédemment, la distribution de cette variable aléatoire pourrait avoir une « queue épaisse » (la probabilité des événements les plus risqués diminue très lentement). Ceci alors même que la situation médiane est très préoccupante.

pas exclu que les prévisions « optimistes » de la théorie standard se réalisent, le bon sens comme le calcul économique suggèrent de donner un poids élevé aux prévisions pessimistes – donc d'agir en conséquence, donc massivement dès aujourd'hui.

Il paraît fort peu probable à quiconque connait la réalité du débat scientifique – et non la mythologie que toute une propagande a essayé de propager – que la théorie dominante se révèle finalement fausse. Et pourtant s'il en était ainsi ? Devrait-on regretter l'effort consenti ? Sans doute pas, car une politique climatique bien conçue donnera un coup de fouet de toute manière souhaitable à la R & D, particulièrement pour la recherche d'innovations conduisant à la mise en place de substituts aux combustibles fossiles épuisables. Dit autrement, les politiques climatiques, outre leur effet direct sur les émissions, permettent de corriger l'insuffisante capacité du marché à produire des innovations majeures. On peut véritablement parler ici d'un « double dividende » de la politique climatique.

Pour le dire encore autrement, j'ai tendance à penser que, même dans le cas de figure tout à fait extrême où les climato-sceptiques auraient raison avec une probabilité de 70 %, mener une politique climatique ambitieuse resterait à l'ordre du jour, dès lors que l'on prend correctement en compte ses retombées bénéfiques pour la découverte de nouvelles technologies. C'est un des arguments les plus forts en faveur de l'action climatique.

NS : Prétendre que les risques du « *business as usual* » sont faibles est à la fois non scientifique, irrationnel et dangereux. C'est non scientifique au regard du corpus de preuves considérable, qui remonte à Joseph Fourier[8] dans les années 1820. La logique et les processus physico-chimiques du changement climatique provoqués par l'émission de gaz carbonique sont bien compris depuis le milieu du XXe siècle. Cette théorie, à la fois élégante et simple, a ensuite été corroborée par des données venant de multiples sources (carottes glaciaires, archives historiques, etc.). Dans ce contexte, soutenir que l'on peut avoir confiance que les risques sont faibles quand tant d'éléments scientifiques pointent dans la direction opposée est une attitude foncièrement antiscientifique. Agir comme si la science était fausse est également une attitude irrationnelle qui peut nous mettre dans une position extrêmement périlleuse, dont nous serions probablement incapables de nous sortir. Retarder l'action climatique rend plus difficile et plus coûteuse la réduction

8. Joseph Fourier (1768-1830), physicien et mathématicien français, a étudié les équilibres énergétiques entre le rayonnement entrant et le rayonnement sortant de l'atmosphère terrestre ; il a sans doute été le premier à comprendre la logique de l'effet de serre (1824).

des concentrations de GES dans l'atmosphère. Un effet de cliquet est à l'œuvre : plus nous attendons pour agir, plus le problème est difficile à résoudre, car les flux d'émissions s'ajoutent aux stocks de gaz à effet de serre présents dans l'atmosphère, et les stocks sont particulièrement difficiles à faire baisser. En revanche, agir comme si la science était exacte nous permettrait de découvrir de nombreuses technologies utiles, d'avoir un monde plus propre, de sécuriser nos approvisionnements énergétiques et de protéger nos forêts.

Il ne faut pas passer à côté d'une nouvelle révolution industrielle immensément bénéfique. L'histoire économique nous apprend que la transition vers une croissance sobre en carbone pourrait être une période d'innovation, de créativité, d'investissement et de croissance exceptionnelle, comme l'ont été les révolutions industrielles passées, celle de la vapeur et des chemins de fer, de l'électricité et de l'acier. Les révolutions industrielles sont des périodes de « destruction créatrice » (selon l'expression de l'économiste autrichien Joseph Schumpeter) où de nouvelles entreprises remplacent les anciennes, créant de nouvelles opportunités de croissance et d'emploi. Il n'y a pas de contradiction entre la responsabilité climatique et la croissance : les deux peuvent aller de pair. Au-delà des découvertes vraisemblables le long d'un nouveau sentier, il y aura beaucoup de bénéfices liés – des technologies plus propres, plus tranquilles, plus sûres, et une structure économique et un environnement plus sensibles à l'énergie et plus respectueux de la biodiversité.

Il faut noter que ceux intéressés par la politique à mettre en place et qui ne sont pas eux-mêmes scientifiques doivent faire l'effort nécessaire pour s'approprier les principaux arguments. Il leur faut consulter les scientifiques spécialistes du climat, comme il faut par ailleurs consulter les physiciens nucléaires sur l'énergie nucléaire. Et il faut aussi se référer aux scientifiques qui, sans être spécialistes du climat, évaluent régulièrement la science de leurs collègues. Quel que soit l'endroit où vous portiez votre regard – les académies en France, au Royaume-Uni, aux États-Unis, vous trouverez confirmation que les risques de l'inaction sont sévères. Dans ce contexte et étant donné les dangers du retard, tels que mis en évidence par la science, dire qu'on peut avoir confiance dans le fait que les risques sont infimes et que l'action devrait être minimale est proche de l'absurde.

2. Les politiques climatiques nationales et régionales

Pendant longtemps, quand des individus ou des entreprises émettaient des gaz à effet de serre dans l'atmosphère, ils n'en payaient pas le coût directement : l'émission était gratuite. Or, l'émission de gaz à effet de serre a un coût pour la collectivité : elle contribue à l'augmentation des concentrations dans l'atmosphère, qui contribuent elles-mêmes à la dégradation du climat. Quand un agent ne paye pas directement les coûts que son activité inflige à la société, les économistes parlent d'« externalité ».

La question que posent les économistes est simple : comment modifier le système de prix de façon qu'il reflète mieux le coût de l'utilisation intensive du carbone pour nos sociétés ? Trois solutions peuvent être envisagées.

D'abord, la réglementation : l'État peut édicter des règles pour empêcher certains acteurs d'émettre des gaz à effet de serre. C'est par la réglementation, par exemple, que la puissance publique a lutté contre l'émission des gaz responsables du trou de la couche d'ozone (les chlorofluorocarbones).

Ensuite, la taxe sur l'émission de carbone. La taxe a une vertu principale : elle incite les individus et les entreprises à engager toutes les mesures de réduction des émissions dont le coût unitaire, à la marge, est inférieur au taux de taxe appliqué, et ce de façon décentralisée. On peut se référer à un taux de taxe optimal : c'est le taux qui refléterait exactement la valeur des dommages infligés à l'environnement par l'émission de gaz à effet de serre. Cette taxe au taux optimal – celle qui conduit les agents à « internaliser » parfaitement le coût des « externalités » qu'ils font subir à la société – est appelée « taxe pigouvienne », du nom de l'économiste anglais qui l'a conceptualisée, Alfred Pigou. (Il faut noter cependant les difficultés de calculer une telle taxe, qui dépend du chemin ou « sentier » futur, puisque les dommages des émissions en dépendent étroitement.)

Enfin, la puissance publique peut attribuer des droits, et permettre aux agents de les échanger. Cette solution, inspirée des travaux de l'économiste américain Ronald Coase, s'est traduite, dans le cadre de la lutte contre le changement climatique, par l'attribution de quotas d'émissions et la création de marchés où ces quotas peuvent s'échanger. Un quota d'émissions représente l'autorisation de rejeter une quantité de gaz à effet de serre donnée. Créer un marché de permis consiste à définir un nouveau « bien » (le droit d'émettre une tonne de gaz à effet de serre), à décider de la quantité de droits d'émissions en circulation, à allouer les droits d'émissions aux acteurs (sur un marché primaire) et à permettre aux droits de s'échanger (sur un marché secondaire). Notons que, comme pour la taxe, la quantité de permis à mettre en place à chaque point du temps requiert aussi une bonne image du « sentier » suivi.

Pourquoi l'État doit-il nécessairement intervenir pour lutter contre le changement climatique ? Pourquoi le marché ne se charge-t-il pas tout seul de régler le problème ?

NS : Les émissions de GES constituent une externalité ; à ce titre, elles mettent en défaut l'efficacité de l'économie de marché. Les émissions causent des dommages à autrui ; en l'absence d'intervention publique, les émetteurs ne payent pas le prix de ces dommages, ce qui les conduit à émettre plus que ce qui serait socialement souhaitable. C'est la plus grande défaillance du marché que le monde ait jamais connue, car nous contribuons tous au réchauffement climatique et nous serons tous affectés par ses conséquences.

Au-delà de l'émission de gaz à effet de serre, il existe au moins 5 autres défaillances de marché fondamentales qui rendent une intervention publique nécessaire.

D'abord, l'externalité liée à l'investissement dans la recherche, le développement et le déploiement de nouvelles technologies. Laissé à lui-même, le marché conduit à des niveaux d'investissement trop bas, ce qui est particulièrement dangereux compte tenu de l'urgence du problème climatique et de son ampleur. Nous sommes en train d'adopter de nouvelles technologies vertes que peu de gens savent utiliser, et nous allons beaucoup apprendre simplement en observant ceux qui les ont déjà adoptées, ainsi qu'en investissant dans la R & D. L'État doit s'assurer que l'effort d'investissement est à la hauteur de l'enjeu.

Ensuite, l'externalité liée à la gestion des risques : compte tenu de l'importance de la révolution industrielle que nous connaissons, les marchés existants sont trop limités. Les marchés des capitaux ont des difficultés à valoriser correctement les risques de catastrophe et les risques de très long terme. L'État a un rôle actif à jouer, par exemple en garantissant des prêts, en prenant des participations dans des projets industriels, en régulant les tarifs des nouvelles énergies.

Une autre externalité a trait aux réseaux d'énergie et aux économies d'échelle que permet l'action communautaire. Les réseaux électriques constituent un exemple important de système qui ne peut fonctionner effectivement sans implication du gouvernement et sans mise en place d'une politique. Par exemple, la remise à neuf d'anciens bâtiments est souvent beaucoup moins chère quand elle est faite quartier par quartier plutôt que maison par maison, ce qui justifie que les politiques publiques édictent des normes pour les nouveaux bâtiments.

L'approvisionnement en énergie est moins cher quand il est organisé sous forme de réseau. Les transports en commun sont moins polluants que la voiture individuelle, etc. Dans tous ces cas, l'intervention de l'État peut améliorer le bien-être des populations.

Les deux dernières externalités sont relatives à l'information et à la valorisation de la diversité et de la sécurité. Dans les deux cas, le marché est défaillant : les prix de marché ne reflètent pas de façon satisfaisante la valeur qu'a une information de qualité pour les consommateurs et les producteurs, ni la valeur que nous attachons à la préservation de la biodiversité et de la sécurité économique qui est incorporée dans la conception des systèmes et le choix des sources d'énergie.

Nous devons réfléchir aux politiques à mettre en œuvre au regard de toutes ces défaillances du marché. Ne pas corriger une défaillance du marché revient à distordre ledit marché. Et les économistes ont analysé depuis longtemps la façon dont les externalités peuvent être corrigées[9] : en instaurant une taxe, des réglementations ou des permis. À quoi il faudrait ajouter, en matière climatique, la mutualisation des technologies et des efforts de recherche et développement.

---

9. Certaines modalités en sont décrites dans l'introduction de cette partie.

Quelle est la politique la plus efficace pour lutter contre le changement climatique ?

RG : Une bonne politique doit être efficace (elle doit permettre de maintenir les émissions sous un certain niveau), efficiente (elle doit minimiser les coûts à objectif donné) et équitable. Ces critères déterminent les choix entre les instruments dits « économiques » (taxes, subventions, marché de droits) et les instruments dits « réglementaires » (voir l'introduction de cette partie). Dans les instruments économiques, on distingue ce que l'on appelle les « politiques de prix », comme la taxe, qui permettent un contrôle du prix payé par le « pollueur », et les « politiques de quantités », comme les marchés de permis d'émissions, qui conduisent en principe au contrôle des quantités de pollution émise.

À un premier niveau les choses sont assez simples : pour les économistes, les taxes et les marchés de permis ont des effets à peu près équivalents sur les quantités, les prix et l'incitation à « dépolluer »[10]. Si l'on instaure une taxe de 20 € par tonne sur le carbone et que le carbone s'échange au prix de 20 € la tonne sur les marchés de

10. Même si les modalités de mise en œuvre (gratuité partielle des permis, niveau d'exemption pour la taxe) ont des effets significatifs sur les profits, effets qui sont approfondis ultérieurement (p.57 et ensuite à partir de la page 67).

permis, l'effet sur les incitations à réduire les émissions, mais aussi, à la marge, sur les coûts des producteurs qui utilisent du carbone et donc *in fine* sur les prix des produits est pour l'essentiel identique : c'est ce que dit la théorie, et cette analyse est largement corroborée par l'observation.

NS : J'ajoute que, dans ce cadre, une taxe est équivalente à un marché de permis d'émissions, quelle que soit la façon dont les permis sont attribués – que l'État alloue initialement les permis sous forme d'enchères ou qu'il les distribue gratuitement. Ce qui compte est la quantité de permis attribuée : si peu de permis sont émis, les permis vont s'échanger à un prix élevé sur les marchés. Dans un monde où tout serait certain (on y reviendra), la quantité de permis en circulation fixe le prix du carbone de la même façon qu'une taxe le ferait.

L'équivalence entre taxe et marché de permis peut être étendue : un marché où certains permis sont attribués gratuitement peut être rendu équivalent à une taxe avec exemptions (les problèmes de mise en place restant bien sûr assez différents). On peut même rendre la taxe et les marchés de permis équivalents en dynamique, par exemple en asseyant la taxe sur la quantité de gaz à effet de serre émise sur une fenêtre de 5 à 10 ans, de façon que les agents puissent étaler leurs émissions au cours du temps. Les deux instruments sont aussi équivalents du point de vue du commerce international et de la concurrence entre États, car, pour faire payer les États récalcitrants, on peut aussi bien instaurer une taxation aux frontières qu'obliger les pays dont on importe des produits à acheter des permis.

Mais l'équivalence entre taxe et permis ne s'applique que dans un monde où tout est certain. L'incertitude vient compliquer singulièrement ce résultat, car alors on ne peut plus avoir à la fois de la certitude sur le prix du carbone et de la certitude sur les quantités de carbone émises. Si vous pensez qu'émettre trop de gaz à effet de serre est le risque le plus important, alors il faut privilégier les instruments de régulation des quantités, c'est-à-dire les marchés de permis. Il faut aussi souligner que les émissions de gaz à effet de serre, comme on l'a précédemment dit, n'est pas la seule défaillance de marché pertinente. Un prix pour les gaz à effet de serre et un soutien de la R & D se renforcent mutuellement.

RG : En présence d'incertitude, le marché donne de la certitude sur les quantités quand la taxe en donne en principe sur les prix. Le marché est plus flexible : les entreprises doivent s'acquitter de la taxe tous les ans proportionnellement à leurs émissions de l'année ; avec un marché, elles peuvent payer un montant qui n'est pas nécessairement corrélé à leurs émissions de l'année. Cette flexibilité est une bonne chose pour l'investissement, même si, comme l'a dit Nick, on peut adapter le système de taxe pour le rendre plus flexible. Et la taxe est normalement plus prévisible – tout du moins dans la mesure où le gouvernement peut s'engager de façon crédible sur les montants de la taxe et sur le profil de son évolution, ce qui n'est pas forcément acquis. Sur le marché du carbone, on l'a vu avec la crise, les prix évoluent de façon un peu erratique. Qu'est-ce qui est préférable : la flexibilité du marché ou le caractère normalement prévisible de la taxe ? Si le monde fonctionne comme dans les modèles préférés de la profession des économistes – c'est-à-dire si les anticipations sont « rationnelles » –, alors la flexibilité du marché l'emporte. Si le monde fonctionne comme il semble fonctionner dans la réalité – c'est-à-dire, comme la crise le suggère, de façon assez différente du monde à anticipations « rationnelles » –, la taxe l'emporte à mes yeux.

NS : J'ai quant à moi une petite préférence pour les marchés de permis. D'abord, parce que l'essentiel est de contenir les émissions – ce qu'on peut faire, de façon certaine, en fixant la quantité de permis en circulation. Ensuite, pour des raisons d'apprentissage et d'ajustement. En principe, les gouvernements peuvent ajuster le taux de la taxe ou la quantité de permis en circulation au fil de l'eau. Mais comment savoir s'il faut augmenter ou diminuer la taxe, augmenter ou diminuer la quantité de permis en circulation ? Le processus d'apprentissage est complexe, car il y a beaucoup de bruit perturbateur dans le système.

Imaginons qu'un pays instaure une taxe à un taux stable pendant 5 ans, et imaginons qu'à l'issue de ces 5 années la réduction des émissions de gaz à effet de serre ait été inférieure à ce qui était attendu. Faut-il en conclure que la taxe ne fonctionne pas ? Que d'autres éléments ont interagis ? Il est possible que la taxe ait eu peu d'effet à court terme, mais qu'elle s'apprête, au bout de 5 ans, à modifier en profondeur les comportements. Il est difficile de calibrer de façon optimale la politique climatique simplement en observant la façon dont les individus et les entreprises réagissent à la taxe. Je pense qu'on peut apprendre plus de choses en observant l'évolution des prix sur les marchés.

Enfin, les marchés de permis sont, d'un point de vue politique, plus faciles à mettre en place que les taxes. Il existe, en effet, une façon fort simple d'attirer au début les entreprises dans un marché de permis : en leur attribuant des permis gratuits ! Si la puissance publique fixe un quota de permis et les distribue gratuitement aux entreprises sur la base de leurs émissions passées, l'instauration du marché de permis ne coûte initialement rien aux entreprises. Mais les entreprises qui vont vouloir augmenter leurs émissions vont devoir se procurer des permis, que leur vendront les entreprises qui seront parvenues à réduire les leurs. *In fine*, le carbone aura la même valeur que si une taxe était instaurée, mais l'expérience prouve que la création d'un marché suscite moins de résistance de la part des entreprises que l'instauration d'une taxe. Une fois un marché de permis créé, rien n'empêche la puissance publique d'abandonner progressivement l'octroi gratuit des permis en faveur d'enchères, afin de lever des ressources supplémentaires.

RG : Je souscris à l'argumentaire d'économie politique en faveur des permis, et on aura l'occasion d'y revenir, mais il faut mettre en avant ici une autre dimension du problème : quand on réfléchit aux mérites comparés de la taxe et du marché de permis, il est crucial de distinguer l'échelle mondiale et l'échelle nationale ou « régionale ». J'approuve tout à fait l'idée qu'il faut essayer de contrôler les quantités de gaz à effet de serre, ce que garantit en principe un marché de permis. Mais je pense que ce contrôle doit s'exercer à l'échelle mondiale : l'idéal là est celui d'un accord entre tous les pays du monde, prévoyant un plafond d'émissions global, l'allocation individuelle de permis (à chaque pays) et la création d'un marché international sur lequel les pays ayant dépassé leur quota achèteraient des permis aux autres pays qui sont parvenus à réduire leurs émissions au-delà des quotas qui leur étaient attribués. C'était l'esprit du protocole de Kyoto.

Le protocole de Kyoto

Signé en 1997 et entré en vigueur en 2005, le protocole de Kyoto fixait comme objectif aux 37 pays les plus industrialisés du monde (pays dits « de l'Annexe B ») de réduire de 5,2 % leurs émissions globales de gaz à effet de serre entre 1990 et la période 2008-2012.

Dans le cadre du protocole de Kyoto, chaque pays de l'Annexe B a reçu des permis d'émissions (« unités de quantités attribuées » ou UQA) correspondant à ses objectifs d'émissions pour la période 2008-2012. La France, par exemple, s'était engagée à ce que la moyenne de ses émissions 2008-2012 soit égale à ses émissions de 1990, soit 564 Mt de CO_2 équivalent, d'où un quota d'UQA de 564 Mt de CO_2 équivalent.

Le protocole de Kyoto est un exemple de politique de contrôle des quantités. Il prévoyait la mise en place d'un marché de droits d'émissions à l'échelle internationale : il était prévu que les pays ayant excédé leur quota d'UQA puissent acheter des quotas aux autres pays. Dans les faits, ce marché international n'a pas bien fonctionné pour deux raisons principales : le plus gros demandeur de permis d'émissions, les États-Unis, n'a finalement pas ratifié le protocole de Kyoto ; et le plus gros offreur potentiel[11], la Russie, l'a rejoint. De ce fait, les UQA ont globalement été en surplus sur le marché global, et les transactions d'UQA n'ont atteint que des montants limités. En 2011, le Canada, un des plus gros demandeurs d'UQA, s'est d'ailleurs retiré du protocole pour ne pas avoir à acheter de permis.

Le protocole de Kyoto prévoyait également que les pays de l'Annexe B puissent acheter des droits d'émissions à travers deux autres « instruments de flexibilité » : le mécanisme de développement propre (MDP) et le mécanisme de mise en œuvre conjointe (MOC).

À travers le MOC, les pays de l'Annexe B peuvent acquérir des crédits d'émissions en finançant des projets dans d'autres pays développés où le coût de réduction d'émissions est inférieur (comme par exemple en Ukraine pour les membres de l'UE). Les MDP sont également basés sur la différence du coût de réduction, mais cette fois entre pays développés et pays en développement.

Les transactions opérées par les pays membres de l'Annexe B ont surtout pris la forme d'achats de crédits issus de MDP. Il est probable que le protocole de Kyoto ne soit pas reconduit après 2012.

11. Suite à la réduction de la production de l'industrie lourde, dans les années 1990, les émissions de carbone russes ont diminué notablement par rapport à 1990 et ont placé ce pays en position d'offreur de permis (l'allocation initiale étant faite sur la base des émissions 1990).

Une fois les quantités fixées à l'échelle mondiale par un accord international, il me semble ensuite préférable que les États, ou les groupes d'États liés par des accords régionaux, cherchent à respecter leur quota d'émissions en instaurant des taxes. Autrement dit : je suis favorable à un marché de permis d'émissions à l'échelle internationale – dans l'esprit du protocole de Kyoto – et à des taxes sur le carbone à l'échelle nationale. Le bon choix peut dépendre du niveau d'intervention.

Comme j'y reviens par ailleurs, cette préférence reflète mon scepticisme sur la prédictabilité des marchés d'hydrocarbures, scepticisme qui reflète dans l'absolu la difficulté de coordination des anticipations sur les marchés de matières premières et la difficulté de la prédiction des formes de coordination au sein de l'oligopole pétrolier confronté à la mise en place de la politique climatique[12].

À l'échelon national ou régional, cependant, ce sont finalement les marchés de permis qui ont prévalu. L'outil principal de l'Union européenne pour lutter contre le changement climatique est le marché EU-ETS[13], et les États-

12. Cette idée est développée de façon relativement peu technique dans Guesnerie R., Henriet F. et Nicolai J.P., « Trois questions épineuses à l'arrière-plan des politiques climatiques », *Annales d'Économie et Statistique 2012*, hors-série 1, 21-56.

13. EU-ETS pour « European Union Emission Trading Scheme », dont l'équivalent en français, SCEQE, « Système communautaire d'échange de quotas d'émissions », est peu utilisé.

Unis ont un temps envisagé de créer un marché comparable chez eux (le projet de loi Waxman-Markey, à l'heure actuelle passé aux oubliettes). On peut s'étonner de cette évolution dans la mesure où la taxe recueille les faveurs de nombreux économistes de sensibilités pourtant différentes.

Prenons le cas de l'Union européenne qui a ratifié le protocole de Kyoto, protocole qui prévoyait des objectifs quantitatifs contraignants pour les pays membres de l'UE. Comment mettre en place un système européen permettant de respecter les engagements pris à Kyoto ? Philippe Quirion a calculé que, pour l'Union européenne, introduire une taxe carbone ou un marché de permis était quasiment équivalent en termes de coûts[14]. L'UE a choisi le marché de permis parce que l'adoption d'une taxe exige l'unanimité des États membres, qui n'est pas requise pour la création d'un marché. Les entreprises préfèrent aussi le marché : elles ont, pour de bonnes et de moins bonnes raisons, plus confiance en un système de permis qu'en un système dans lequel le gouvernement instaurerait une taxe accompagnée d'exemptions, car elles ont tendance à douter de la pérennité du second volet. Les entreprises sont davantage rassurées si le gouvernement

---

14. Quirion, P. (2010), « Complying With the Kyoto Protocol Under Uncertainty: Taxes or Tradable Permits? », *Energy Policy*, Volume 38, Issue 9, September 2010, pages 5199–5207, http://dx.doi.org/10.1016/j.enpol.2010.04.054

leur distribue initialement des permis gratuitement. Les deux systèmes sont pourtant équivalents sur le papier. Aux États-Unis, lors des discussions en 2009 sur l'introduction d'un marché de permis, les entreprises ont fortement milité en faveur du marché – sauf le PDG d'une certaine entreprise pétrolière réputée hostile à la politique climatique, lequel a plaidé pour la taxe…, car, disait-on, il était convaincu que dans le contexte américain de forte réticence à la fiscalité, une taxe n'avait aucune chance d'être votée.

Le marché EU-ETS

L'European Union Emission Trading Scheme (EU-ETS) ou Système communautaire d'échange de quotas d'émissions (SCEQE) est l'outil principal dont s'est doté l'Union européenne pour réduire ses émissions de gaz à effet de serre. À travers l'EU-ETS, des permis d'émissions ont été attribués à environ 12 000 installations industrielles (dont 1 200 en France) dans 30 pays (les 27 membres de l'UE plus l'Islande, le Liechtenstein et la Norvège). Les émissions couvertes par l'EU-ETS représentent plus de la moitié des émissions de dioxyde de carbone de l'Union européenne. Pour l'essentiel, les permis ont été alloués aux industries en fonction de leurs émissions passées. Les permis sont attribués pour une période de plusieurs années, afin de neutraliser l'effet des aléas climatiques sur les émissions (hivers rigoureux ou étés très chauds).

Le marché EU-ETS, plus précisément, comporte trois phases : une phase pilote (2005-2007), une phase II (2008-2012) et une phase III (2013-2020).
Lors de sa première année de fonctionnement, le prix de la tonne de CO_2 a fluctué autour de 25 euros. Mais en avril-mai 2006 les prix se sont effondrés quand les intervenants se sont aperçus que les gouvernements nationaux avaient alloué trop de permis aux entreprises. Au cours de la crise financière, sur fond de réduction conjoncturelle des émissions, les prix sont descendus jusqu'à 8,25 euros en février 2009, en dépit de la réduction des allocations de permis décidée par la Commission européenne pour la phase II du marché.
Pour la phase III, la Commission européenne souhaite qu'une fraction substantielle des permis soit mise aux enchères plutôt qu'ils soient alloués gratuitement aux entreprises. De nouveaux gaz à effet de serre devraient être inclus dans le système de quotas, de même que de nouvelles industries comme les compagnies aériennes.

Faut-il soumettre toutes les émissions à une taxe ou à un système de permis échangeables, et peut-on le faire ?

NS : Nous devons réfléchir aux politiques à mettre en œuvre au regard de toutes les défaillances de marché – pas seulement l'externalité que représente l'émission de carbone. Dans ce cadre plus général, la réglementation apparaît parfois comme l'instrument le plus adapté. Le fait que les réglementations soient plus difficiles à changer est un atout lorsqu'il s'agit de donner de la clarté, et que la clarté permet des économies d'échelle. Par exemple, c'est via la réglementation que, dans la plupart des pays, a été imposée l'essence sans plomb. En principe, on aurait pu mettre un prix sur le plomb, instaurer un marché de permis pour l'essence avec plomb. Mais il y a eu une préférence massive pour la réglementation, avec de solides arguments économiques à l'appui : c'était bien plus simple… tout en donnant une plus grande certitude aux consommateurs et aux producteurs !

La mise en place de taxes ou de marchés bute assez vite sur des problèmes administratifs. Taxer le charbon, au moment de l'extraction ou de l'importation, est relativement facile. En revanche, mesurer les émissions de gaz carbonique de chaque personne ou de chaque entreprise, quelle que soit sa taille, est extrêmement compliqué. Le marché européen couvre de 45 à 50 % des émissions de l'Union européenne, principalement celles des entreprises de production d'énergie et d'acier, les grandes infrastructures, etc. Le marché n'est pas adapté pour couvrir les petits émetteurs.

RG : Il existe pourtant une solution techniquement réaliste qui permettrait de couvrir toutes les émissions ou presque. Cette solution plus radicale avait les faveurs d'un professeur de Princeton David Bradford, que j'étais allé voir et consulter lorsque j'avais commencé à m'intéresser au changement climatique. Il préconisait une assiette simple pour la fiscalité carbone : taxer tout le carbone à l'extraction ou à l'importation (on peut transposer cette logique à un marché de droits). L'intervention se ferait donc en amont, pas en aval ! Cette solution serait extrêmement pratique administrativement. Elle n'est pas sans soulever certaines questions, par exemple celle de la séquestration volontaire et involontaire du carbone (sans entrer dans les détails de ce débat, notons que l'on pourrait mesurer la part de la séquestration « volontaire »). Le système suggéré ne couvrirait ni la déforestation ni les émissions agricoles, qui nécessitent, de toute façon, des instruments très spécifiques, mais il couvrirait la très grande majorité des émissions.

Pourquoi n'a-t-on pas instauré une telle taxation en amont ? Une des raisons est le souci de ménager une « transition douce » qui conduit à ne taxer qu'à la marge, par exemple en introduisant des exemptions pour une partie des émissions ou en donnant des quotas gratuits aux entreprises. Il serait très difficile de ménager une telle transition avec la taxation généralisée du carbone en amont. Néanmoins, la question demeure : quand les arguments de « transition douce », pour les entreprises en particulier, auront disparu, pourquoi ne pas mettre en œuvre une taxe généralisée sur le carbone en amont ? Ce serait tout de même beaucoup plus simple à gérer ! Les économistes devraient réfléchir à ce problème et plus généralement être plus attentifs aux questions administratives.

La mise en place d'instruments économiques pour lutter contre l'effet de serre rencontre l'opposition de nombreux acteurs. Pourquoi ?

RG : Le changement climatique est un sujet nouveau, sur lequel les politiques n'ont pas beaucoup de recul, et il y a dans la société civile une défaillance de compréhension générale, qui offre une marge de manœuvre considérable aux lobbys.

L'annulation par le Conseil constitutionnel de la taxe carbone française constitue un exemple frappant. Le Conseil constitutionnel a motivé sa décision en expliquant que la taxe carbone introduisait une iniquité de traitement entre d'un côté les grandes entreprises soumises au marché de permis européen et de l'autre les petites entreprises (celles qui sont à l'origine des émissions dites « diffuses ») qui devaient être soumises à la nouvelle taxe. L'argumentaire du Conseil constitutionnel suggérait fortement (pour rester dans la litote) que le fait que les grandes entreprises se voient attribuer des quotas gratuits les exonérait de l'effort que la taxe allait imposer aux petites entreprises. Si tel était bien l'argumentaire, il relevait d'une erreur manifeste de raisonnement économique : ce n'est pas parce que les quotas ETS sont attribués gratuitement qu'ils n'ont pas d'efficacité environnementale, laquelle est déterminée par la quantité de quotas émise, et est largement indépendante de leur gratuité ! Bien entendu, reste la dissymétrie de l'effort financier, laquelle conduirait plutôt à condamner la gratuité sur le marché qu'à annuler le dispositif de la taxe carbone.

L'équivalence fondamentale entre marché de permis et taxe est mal comprise des juristes, et sans doute pas des seuls juristes. On ne peut manquer d'être surpris par l'absence de réaction à l'adoption du marché de permis ETS au niveau de l'Union européenne, surtout quand on compare cette absence de réaction à l'intensité des discussions sur le projet de taxe carbone, finalement abandonné, en France. Pourtant, l'impact du marché ETS sur le consommateur allemand (via la hausse des prix de l'électricité) n'est pas sans commune mesure avec ce qu'aurait été l'impact de la taxe carbone sur le consommateur français.

Et que dire de l'indifférence générale dans laquelle sont discutées les modalités d'attribution des permis d'émissions aux entreprises ? L'attribution gratuite des permis, qui a été jusqu'à présent la règle sur le marché européen, est pourtant, à mon sens, indéfendable.

Sous des hypothèses très simplifiées, on peut calculer la quantité optimale de permis qu'il conviendrait de distribuer gratuitement pour maintenir constants les profits des entreprises. Partons d'une industrie oligopolistique composée d'entreprises semblables, caractérisée par une certaine élasticité de la demande qui s'adresse à elle. Supposons que nous voulions réduire les émissions et qu'on ne puisse le faire qu'en réduisant la demande. Dans le modèle très simple que je viens d'esquisser, combien faut-il attribuer de quotas gratuits pour maintenir constant le profit de l'oligopole ? (Dans mon raisonnement, l'oligopole diminue simplement sa production – seule façon pour que les émissions diminuent –, la gratuité neutralisant l'effet sur les profits.) La réponse[15] dépend de l'élasticité de la demande et du nombre d'entreprises dans l'oligopole. Par exemple, un petit calcul suggère que dans un oligopole avec 3 entreprises, si l'on veut réduire les émissions de 30 % et que l'élasticité de la demande est égale à 2, il suffit de distribuer 28 % des permis gratuitement. En général, il

15. Voir par exemple l'annexe de J.P. Nicolai, dans R. Guesnerie (2010), *Pour une politique climatique globale, blocages et ouvertures*, éditions de la rue d'Ulm.

suffit souvent de donner aux entreprises 20 % de permis gratuits – bien moins que ce que fait l'UE – pour que leurs profits restent les mêmes.

À l'université de Stanford, trois chercheurs, Lawrence Goulder, Marc Hafstead et Michael Dworsky ont fait des calculs plus compliqués pour les États-Unis[16], montrant qu'il aurait suffi de donner 25 % de quotas gratuits aux industries américaines (contre 85 % prévus initialement dans le projet de loi Waxman-Markey jusqu'en 2025) pour que toutes les industries y gagnent ! En Europe, là où il aurait suffi de distribuer de 30 à 40 % des quotas gratuitement pour que les entreprises s'en tirent extrêmement bien, on a choisi de distribuer 100 % des quotas gratuitement. Pourquoi ? Parce que le déficit de compréhension est considérable sur ce sujet nouveau. Les économistes n'ont pas fait passer de message clair et pédagogique. Les lobbyistes – et il faut reconnaître qu'à Bruxelles les industriels ont engagé d'excellent lobbyistes – ont le champ libre.

NS : Malheureusement, la situation est difficile à changer : les entreprises qui bénéficient de permis gratuits comprennent trop bien combien elles auraient à payer si l'on passait à un système d'enchères. D'où leur opposition.

---

16. Goulder L., Hafstead M. et Dworsky M. (2009), « Impacts of Alternative Emissions Allowance Allocation Methods under a Federal Cap-and-Trade Program », *NBER Working Paper*, n° 15293.

En ce qui concerne la taxe, on a vu apparaître dans le débat des discussions sur l'aspect régressif de la fiscalité carbone : les ménages les plus pauvres, qui vivent à la campagne et vont travailler en ville, sont plus touchés. Je comprends cet argument, mais ce n'est pas une raison pour ne rien faire. Renchérir le carbone est une nécessité, dont les impacts distributifs peuvent être amoindris ou compensés via l'impôt sur le revenu et des transferts ciblés. On peut parfaitement envisager d'augmenter le prix du carbone via une taxe et de compenser l'effet régressif de cette politique par des baisses d'impôts ciblées sur les plus pauvres. Les deux politiques doivent être étudiées ensemble. La notion de « pauvreté en carburant », qui rencontre en ce moment beaucoup de succès au Royaume-Uni, est un non-sens (on dit que quiconque dépense plus de x % de son revenu en carburant est « *fuel poor* »). Elle limite toute possibilité d'augmenter le prix des carburants. Or ce qui compte, c'est la pauvreté en général, pas la pauvreté en carburant, la pauvreté en films ou la pauvreté en pommes !

Dans les pays en développement, les questions de distribution des revenus sont différentes. Une taxe sur le charbon ou le pétrole n'a que peu d'effets sur les plus pauvres, qui utilisent du bois, ou de la bouse de vache, et peu ou pas de pétrole. Le problème de la régressivité de la taxe carbone ne se pose vraiment que dans les pays développés. Le problème politique réside dans le fait qu'on peut toujours trouver un exemple où la compensation monétaire versée en contrepartie de la taxe carbone ne « marche » pas, ou bien un exemple dans lequel le système de compensation est tellement complexe qu'il en devient impossible à administrer.

La politique climatique ne court-elle pas le risque d'être rendue inefficace par l'évolution du prix des combustibles fossiles ?

RG : Quand on taxe une ressource rare comme le pétrole, le résultat sur le prix final est difficile à déterminer. Il est très sensible non seulement au niveau de la taxe mais aussi à l'évolution de ce niveau au cours du temps, car c'est non seulement la taxe mais aussi les croyances (ou, si l'on préfère la terminologie économique, les anticipations que forment les acteurs) sur les effets que cette taxe a sur les prix de la ressource, qui déterminent la propension des producteurs à accélérer ou à ralentir l'extraction de pétrole aujourd'hui et demain. Dans un cas limite, purement statique, la taxe peut n'avoir aucun effet sur le prix final, transférant simplement la rente pétrolière des pays exportateurs aux pays importateurs. Dans le contexte dynamique qui est celui dans lequel nous nous trouvons, les effets sont plus ambigus et reflètent non seulement le niveau de taxe présent mais aussi, comme je l'ai dit, les niveaux de taxes futurs. Il est indéniable que la taxe peut, dans toute une série de circonstances, exercer une pression à la baisse sur le prix final – donc avoir l'effet contre-productif d'augmenter la demande de carbone à court terme. Cet effet est au cœur de ce que l'on appelle dans la littérature spécialisée le « paradoxe vert[17] ».

Ce paradoxe a conduit certains économistes à remettre dans une perspective critique la politique climatique menée à ce jour. Quel effet attendre d'une taxe carbone sur les émissions de gaz à effet de serre dans le cadre d'un système de type Kyoto, dans lequel une partie des pays fait un effort alors que les autres ne font rien ? Il se passe deux choses : d'abord, la taxe carbone pourrait (plus encore au début) faire baisser le prix (avant impôt) des carburants fossiles pour tout le monde. Cependant, le prix (après impôt) des carburants fossiles augmenterait dans les pays qui imposent la taxe, d'où un transfert de la demande pour les produits carbonés des pays dits « vertueux » vers les pays « non vertueux ». On peut mettre des chiffres sur ces deux effets et aboutir à un effet global plutôt négatif, c'est-à-dire à une *augmentation* de la demande de carbone au niveau

17. Sinn H.-W. (2009), « The Green Paradox », CESifo Forum, Ifo Institute for Economic Research at the University of Munich, vol. 10(3), 10-13.

mondial. Ce raisonnement est loin d'emporter la conviction, mais pose un vrai problème : celui de l'interaction des politiques climatiques avec les prix des carburants fossiles. La question a un autre versant, plus subtil, qui est celui de l'interaction des prix à la source des combustibles fossiles avec les progrès technologiques. Dans certains cas, les innovations technologiques, en accélérant l'extraction des combustibles fossiles, peuvent avoir l'effet inverse de celui attendu : nouvel avatar du « paradoxe vert »[18].

NS : Je reconnais qu'il s'agit là d'un problème important. L'accroissement de la demande dans les pays sans taxe carbone pourrait être plus grand que la réduction de la demande dans les pays avec taxe. Cela milite fortement en faveur de l'intégration de tous les pays à la lutte contre le changement climatique.

Mais je voudrais souligner que l'hypothèse selon laquelle les pays de l'Annexe B du protocole de Kyoto seraient « vertueux » et les pays hors Annexe B « non vertueux » mérite d'être nuancée. Les pays qui s'étaient engagés n'ont pas toujours pris au sérieux leurs engagements, et les pays qui ne s'étaient pas engagés ont

18. À nouveau, pour une discussion plus approfondie sans être trop technique, consulter Guesnerie R., Henriet F. et Nicolai J.P., « Trois questions épineuses à l'arrière-plan des politiques climatiques », *Annales d'Économie et Statistique* 2012, hors-série 1, 21-56.

parfois fait des efforts massifs, en dehors de tout accord formel. La réalité des efforts entrepris par les pays n'est pas toujours directement liée à leur participation à un accord « légalement contraignant ». Dans le protocole de Kyoto, le Canada a promis de réduire ses émissions, et le Canada a très peu fait et a finalement quitté le protocole. À l'inverse, des pays comme la Colombie, le Mexique, l'Éthiopie ou le Rwanda, qui n'ont pas signé d'accord « légalement contraignant », ont mis en place des plans d'atténuation et d'adaptation remarquables.

Les pays « vertueux » doivent-ils instaurer un ajustement aux frontières pour faire participer les pays récalcitrants à la lutte contre l'effet de serre ?

NS : Si certains pays ont une taxe carbone ou un marché de permis et que d'autres ne font rien, il est légitime, en principe, que les premiers instaurent un ajustement aux frontières. Mais cela soulève un certain nombre de problèmes. Tout d'abord, il est assez difficile, dans la pratique, de savoir quels efforts font exactement les pays tiers ; ils peuvent ne pas prendre nécessairement la forme d'une taxe, mais de réglementations, par exemple. Ensuite, certains pays risquent d'être tentés d'instaurer une taxe aux frontières bien supérieure à la taxe optimale du point de vue de la lutte contre le changement climatique. L'ajustement aux frontières devient alors un moyen commode de mettre des barrières protectionnistes. Il y a un réel risque d'abus. Troisièmement, quelle est l'ampleur réelle des « fuites de carbone[19] » ? Quel est le coût réel de la non-participation de certains pays à la lutte contre le changement climatique ? À mon avis, ces coûts sont, du moins pour le moment, relativement limités. Dans le rapport Stern, nous avons cherché à estimer l'effet des régulations environnementales sur la mobilité des industries, et, d'un point de vue empirique, nous trouvons que l'effet des politiques climatiques en vigueur semble assez marginal. Les décisions de localisation des entreprises sont influencées par tellement de facteurs, tels que la disponibilité et le prix du travail qualifié et non qualifié, la qualité et les coûts de transport, l'investissement climat et ainsi de suite ! La crainte évoquée tend à être manipulée.

Il faut enfin se poser la question du *timing* : quel est le meilleur moment pour introduire un ajustement aux frontières ? Cela dépend de la dynamique de la négociation internationale. Dans une phase où l'on cherche à construire un accord, je crains que l'ajustement aux frontières n'ait des effets contre-productifs, qu'il contrevienne à l'esprit de

---

19. Comme il sera dit *infra*, ces fuites de carbone sont liées d'une part aux effets compétitivité (les industries non taxées sont plus compétitives sur le marché mondial) et délocalisation pour éviter la réglementation ou la taxation.

coopération nécessaire. Il me semble préférable de dire: «Nous n'allons pas introduire d'ajustement aux frontières dès maintenant, parce que nous reconnaissons le besoin de coopération, mais ayez conscience que si vous ne faites rien d'ici à 10 ans, nous serons obligés d'y avoir recours.»

RG: Dans son principe, l'ajustement aux frontières n'est pas une mesure protectionniste: il s'agit simplement de rétablir la neutralité concurrentielle. On peut discuter du protectionnisme – je pense qu'il existe des arguments en faveur de protections mutuellement avantageuses entre les pays développés et les pays en développement –, mais c'est un sujet complètement différent. On peut vouloir changer les règles de l'OMC, qui visent à démanteler les protections douanières, mais c'est une autre question. Taxer le carbone n'est pas incompatible avec les règles de l'OMC. Si l'on arrivait techniquement à imposer une taxe sur le carbone ajouté, sur le modèle de la taxe sur la valeur ajoutée (TVA), l'ajustement aux frontières ne serait que la simple contrepartie de l'exonération de TVA sur les produits exportés et de l'application de la TVA sur les produits importés.

Mais dans la pratique se pose la question de savoir comment on reconnaît le carbone ajouté à l'extérieur. Tout ajustement aux frontières aurait nécessairement un caractère un peu arbitraire. Idéalement, la taxe aux frontières devrait être indexée sur le contenu réel en carbone des produits entrants, qui est corrélé aux efforts réalisés par les pays exportateurs. Estimer le contenu en carbone des produits importés est difficile – mais pas impossible.

Même si l'on sous-estimait quelque peu le contenu en carbone des produits importés, l'ajustement aux frontières irait toujours dans la bonne direction. À ce jour, une procédure sommaire consisterait à taxer le carbone entrant sur des bases d'émissions moyennes mondiales par industrie, de façon à rendre impossible toute manipulation. Les vrais pollueurs seraient sans doute taxés un peu moins qu'ils ne devraient l'être, mais ce serait un moindre mal.

Mais, si je soutiens qu'une taxe aux frontières est légitime et faisable, je fais aussi le constat que l'Europe, avec son système de quotas gratuits, n'est pas en mesure de mettre en place aujourd'hui une formule de taxe aux frontières défendable. Il faudrait pour ce faire que les permis d'émissions alloués aux entreprises couvertes par le marché EU-ETS soient payants, via une attribution aux enchères. Avec la formule de gratuité actuelle, la taxe aux frontières est très difficile à concevoir et à légitimer.

Enfin, en ce qui concerne l'effet de la politique climatique sur la localisation des entreprises, il faut distinguer un effet compétitivité pure d'un effet délocalisation. Si, après adoption d'une taxe ou d'un système de permis, le prix de l'acier européen augmente alors que celui de l'acier chinois reste le même, la demande mondiale bascule en faveur de l'acier chinois : c'est l'effet compétitivité. Le basculement de la demande réduit les émissions européennes mais augmente les émissions chinoises. On ne connaît pas très bien l'importance de cet effet compétitivité, qu'on a beaucoup de mal à mesurer, mais il pourrait être significatif. En ce qui concerne l'effet délocalisation, il est sans doute limité en termes de pertes de PIB. Toutefois, si la moitié de l'industrie de l'aluminium et du ciment français se délocalisait, la France ne perdrait qu'environ 0,5 % de son PIB, mais 5 % de ses émissions quitteraient l'espace régulé. Ce serait un vrai problème.

NS : Quand les entreprises choisissent où s'installer, elles prennent également en considération les politiques et les taxes futures, pas seulement celles d'aujourd'hui. Or, à terme, il est raisonnable de penser que tous les pays seront impliqués dans la lutte contre le changement climatique – et cela, les entreprises ne peuvent pas l'ignorer. En outre, le problème des délocalisations ne concerne que peu d'industries (le ciment, l'acier, l'industrie pétrolière, l'aluminium, principalement), ce qui ouvre la voix à des actions ciblées sur ces industries en particulier.

Plus fondamentalement, j'ai peur qu'en s'engageant sur le chemin de l'ajustement aux frontières les pays importateurs en viennent vite à se demander : « *Quid* des conditions de travail dans les pays exportateurs ? *Quid* du salaire payé aux travailleurs ? » L'ajustement aux frontières ouvre la voie à des mesures protectionnistes allant bien au-delà des aspects environnementaux. J'ai assisté à tellement de manipulations en matière de commerce international ! Les douanes de tel pays peuvent prétendre que le carbone importé est bien supérieur au contenu réel en carbone, et mettre au défi les importateurs de prouver le contraire, tout en rendant l'administration de la preuve si complexe qu'elle en devient impossible dans la pratique.

Sans doute existe-t-il des méthodes qui pourraient rendre l'ajustement aux frontières fonctionnel dans la pratique. Mais il ne faut pas sous-estimer la pression qui risque de s'exercer en faveur du protectionnisme à partir du moment où l'on s'engage sur des politiques de ce type. L'ajustement aux frontières introduit une nouvelle possibilité de manipulation, et de telles manipulations sont un risque constant en matière de commerce international.

Dans le fond, néanmoins, nous sommes d'accord sur la pertinence d'un ajustement aux frontières, et sur le fait qu'un tel système, s'il était appliqué honnêtement, fonctionnerait bien.

À court terme, l'important est de mettre tout le monde autour de la table. Dans quelle mesure l'ajustement aux frontières contribue-t-il à rassembler tous les pays ? Je pense que la Chine réduirait moins ses émissions sous la contrainte qu'elle ne le fait actuellement sur une base volontaire. Si nous essayons de forcer la Chine à participer à un accord international légalement contraignant, la Chine ne s'engagera que sur des bases extrêmement peu ambitieuses, bien moins ambitieuses que celles qu'elle s'impose à travers les plans quinquennaux. L'ajustement aux frontières n'a pas forcément un effet positif sur la propension à coopérer.

RG : Inversement, on peut soutenir que l'ajustement aux frontières – ou du moins la menace d'en établir un – peut contribuer à faire avancer les négociations. Les Chinois n'aiment pas qu'on leur force la main, mais ils sont réalistes. Si l'Europe n'a pas beaucoup de poids dans les négociations actuelles, c'est parce qu'elle n'a pas beaucoup de cartes en main : si elle avait mis en place un système lui permettant de menacer de façon crédible d'instaurer un ajustement aux frontières, elle aurait bien plus de poids dans les négociations qu'elle n'en a actuellement.

NS : Je suis d'accord. Je pense que la bonne façon de procéder consiste à agiter la « menace » de l'ajustement aux frontières – mais à un horizon assez éloigné (10 ans, par exemple) – de façon à laisser sa chance à la coopération, de façon à prouver qu'il ne s'agit pas d'attaquer bille en tête. J'ajoute que dans 10 ans, selon moi, les ajustements aux frontières européens seront sans doute plus dirigés contre les États-Unis et le Canada que contre la Chine, et ce parce que la politique climatique chinoise change rapidement et positivement.

3. Négociations internationales

Les négociations climatiques internationales ont commencé en 1992, avec l'adoption à Rio de Janeiro de la Convention-cadre des Nations unies sur les changements climatiques (CCNUCC). Cette convention pose deux principes de base. En vertu du « principe de précaution », les incertitudes entourant le changement climatique ne doivent pas retarder le lancement d'une action internationale. En vertu du « principe de responsabilité commune mais différenciée », les pays sont appelés à mener une action universelle qui prenne en compte la distribution inégale des responsabilités (les pays riches sont responsables de la plupart des émissions passées) et la distribution inégale des vulnérabilités (les pays pauvres seront sans doute touchés les premiers et le plus durement).

Les pays parties à la Convention-cadre des Nations unies sur les changements climatiques (au nombre de 194 en 211) se rencontrent chaque année depuis 1995 dans les conférences dites « Conferences of the Parties » *(COP). Le protocole de Kyoto a été adopté lors de la conférence de 1997 (COP3).*

Lors de la COP15 qui s'est tenue à Copenhague en 2009, les pays de la CCNUCC se sont entendus sur un Accord de 12 paragraphes. Les deux premiers paragraphes énoncent l'objectif de limiter la hausse des températures à 2 °C au maximum par rapport à l'ère préindustrielle, et la nécessité de réduire fortement les émissions pour parvenir à cet objectif. Le paragraphe 3 met l'accent sur l'importance de l'adaptation, particulièrement dans les pays les plus pauvres et les plus vulnérables. Les paragraphes 4 et 5 traitent de la responsabilité respective des pays développés et en développement ; le paragraphe 6 souligne le besoin d'agir pour réduire les émissions dues à la déforestation.

Les paragraphes 8, 9 et 10 prévoient la création d'un Fonds vert pour le climat et d'un groupe de haut niveau pour étudier les sources de financement qui pourraient alimenter le Fonds et aider les pays en développement à s'adapter aux changements du climat.

Le paragraphe 11 décide de « créer un mécanisme technologique chargé d'accélérer la mise au point et le transfert de technologies » entre pays développés et pays en développement, et le paragraphe 12 appelle à évaluer l'Accord d'ici à 2015, et prévoit la possibilité, à l'avenir, de faire référence à un objectif plus contraignant d'augmentation des températures de 1,5 °C.

La conférence de Copenhague a été suivie par la conférence de Cancún en 2010, et par celle de Durban en 2011.

Quels sont les grands principes qui doivent guider la conclusion d'un accord international ?

NS : La conclusion d'un accord repose sur la bonne compréhension par tous de trois questions centrales : l'importance des risques et l'ampleur des réductions d'émissions nécessaires ; l'attractivité de la révolution verte « énergie-industrielle » et de la croissance sobre en carbone ; l'importance d'agir à la fois à l'échelon national et international.

Nous devons coopérer à la fois entre pays et entre générations. Chaque pays doit prendre en compte l'intérêt des Américains, des Indiens, des Européens, etc. d'aujourd'hui, mais aussi l'intérêt des futures générations d'Américains, d'Indiens et d'Européens. Le tremblement de terre à Haïti a interpellé notre sentiment d'humanité commune, en dépit des distances. Nous devons coopérer de la même manière avec les générations futures, et réaliser qu'il s'agit là à la fois d'un impératif éthique mais aussi d'un enjeu en termes d'efficacité. Comme on l'a vu, l'émission de carbone est une externalité négative : le prix du carbone émis dans l'atmosphère (0 en l'absence de taxe) ne reflète pas son coût pour la société, ce qui conduit les individus à trop en émettre. La théorie économique nous apprend qu'en forçant les émissions de carbone à diminuer, on peut augmenter le bien-être général. En particulier, on peut améliorer le bien-être des générations futures sans dégrader notre propre bien-être, car nous pouvons compenser la réduction de nos émissions de gaz à effet de serre – réduction qui nous est coûteuse – en léguant, en contrepartie, moins de biens matériels (et donc plus d'environnement) à nos descendants. Alternativement, on peut passer à la marge à des biens moins polluants d'une manière qui ne nous est pas vraiment dommageable tout en laissant un meilleur environnement pour nos descendants. Par exemple en achetant plus de cours de yoga et moins de Maserati !

RG : Léguer moins de biens matériels à nos descendants est en principe une option, mais sa mise en œuvre paraît relativement problématique si l'on pense à la logique habituelle de fonctionnement de nos économies. Cependant, c'est une suggestion qui fait habilement écho à une dimension conceptuelle qui n'est pas prise en compte dans le modèle standard où est discutée la logique de correction des externalités. Cette difficulté est celle de la réciprocité : si nous pouvons choisir ce que nous léguons à nos descendants, les générations futures, en revanche, ne peuvent rien nous transmettre.

NS : Comme le disait Groucho Marx : « Pourquoi devrais-je me soucier des générations futures ? Ont-elles déjà fait la moindre chose pour moi ? »

RG : Excellent mot d'esprit... Mais qui n'est pas sans rapport avec le cœur du problème dès lors qu'il est difficile de garantir que nous puissions réellement parvenir à calibrer nos transferts (les legs que nous venons d'évoquer, qu'il s'agisse des biens matériels ou de l'environnement) de façon qu'ils améliorent et notre bien-être et celui des générations à venir. Dans les sociétés animales, la mère se sacrifie souvent pour le nouveau-né, et cela n'améliore pas son propre bien-être. Si nous léguons aux générations futures un meilleur climat, et que nous cherchons à compenser ce legs de façon à améliorer à la fois le bien-être de la génération actuelle et celui des générations futures, on peut vouloir comme le dit Nick limiter le capital matériel que nous transmettrons aux générations futures, mais notre maîtrise du processus est approximative. Dans les faits, le sacrifice que nous consentons en léguant une planète dotée d'un meilleur environnement a des raisons *in fine* de nous coûter. En ce sens, le changement climatique est bien plus complexe qu'une externalité standard, et a une dimension éthique difficile à évacuer et à occulter. Mais ces remarques, j'en conviens, n'épuisent pas la discussion.

Pourquoi certains pays en développement hésitent-ils encore à s'engager sur la voie de la lutte contre le changement climatique ?

NS : Pour les pays en développement, et je l'espère pour nous tous, les deux objectifs centraux du XXIe siècle sont la lutte contre la pauvreté et la gestion du changement climatique. Certains pays ont l'impression que ces deux objectifs sont contradictoires, que la réduction des émissions et la croissance économique ne peuvent aller de pair.

Cette croyance est erronée. La réduction des émissions offre des opportunités de croissance formidables. La transition vers une économie sobre en carbone a tout pour enclencher une phase de révolution industrielle, de créativité et d'innovation qui contribuera fortement au développement des pays pauvres. La croissance sobre en carbone est non seulement particulièrement attirante, mais c'est aussi le seul chemin de développement soutenable ; le mode de croissance actuel, dans lequel la croissance augmente les émissions, ne peut que s'autodétruire à terme. C'est pourquoi si les pays en développement échouent à s'engager sur le chemin de la croissance verte, ils échoueront également sur le plan du développement. Les deux défis clés du XXIe siècle – la lutte contre le changement climatique et la lutte contre la pauvreté – sont inextricablement liés.

Certains pays en développement hésitent également à s'engager parce qu'ils ont le sentiment qu'il revient à ceux qui ont créé le problème – les pays riches – de le résoudre. Ce sentiment d'injustice est encore présent dans les négociations internationales, et il ne disparaîtra pas. Mais les pays en développement prennent de plus en plus conscience qu'ils sont, eux aussi, responsables de ce qui arrivera aux générations futures. Six milliards d'humains sur les 7 milliards que compte la Terre vivent dans le monde en développement, et celui-ci croît plus vite que le monde riche. Le futur dépend donc, de façon considérable, de l'action des pays en développement. De plus en plus de pays en développement prennent conscience de l'enjeu climatique et adoptent des mesures concrètes pour y faire face, comme l'a fait la Chine dans son 12e plan quinquennal. Il est vital qu'il y ait une compréhension qui combine développement, réductions et adaptation. En fait, ces trois dimensions sont inextricablement liées. Il y en a beaucoup d'exemples. Plus ils seront mis en évidence, plus rapide sera le progrès au niveau national et international.

RG : On peut néanmoins se demander pourquoi les pays en développement refusent encore d'entrer dans un système de quotas à la Kyoto. Dans un accord international post-Kyoto, les pays en développement pourraient se voir attribuer des quotas d'émissions généreux qui leur permettraient de faire des profits significatifs sur le marché international des permis. Un tel accord est logique économiquement : l'argent est au Nord, et les réductions d'émissions les moins couteuses au Sud. Le refus des pays du Sud me paraît lié à ce que l'on appelait dans le cadre de la planification soviétique l'effet de cliquet. Les pays en développement craignent, s'ils contiennent initialement bien leurs émissions, de se voir imposer des quotas plus sévères par la suite. Cette crainte, l'analogue de la crainte qu'avaient les entreprises soviétiques de se voir imposer un objectif difficile après avoir réalisé une bonne performance, retient les pays en développement hors du système Kyoto.

Comment aboutir à un accord international ?

NS : Nous n'y parviendrons qu'à deux conditions. D'abord, il faut que nous parvenions à montrer clairement qu'il est possible de vaincre la pauvreté tout en s'engageant sur le chemin de la croissance sobre en carbone. L'augmentation des revenus se traduit toujours par une augmentation de la consommation d'énergie, quels que soient les efforts réalisés en matière d'économie d'énergie. Il faut donc montrer qu'on peut briser le lien entre consommation d'énergie et émissions. C'est pourquoi il est extrêmement important de montrer qu'il existe des cas où le développement s'est conjugué avec la réduction des émissions, comme cela s'est produit en Éthiopie.

Ensuite, il faut que les pays qui ne luttent pas contre l'effet de serre comprennent les risques qu'ils prennent : le risque de se voir imposer un ajustement aux frontières ; le risque de passer à côté d'une nouvelle révolution industrielle fondée sur les énergies vertes ; le risque de s'exposer à des représailles sur les autres fronts de la coopération internationale : la régulation des marchés financiers, la lutte contre le terrorisme ou contre la drogue, le commerce international, etc. Dans un monde globalisé, personne ne peut se permettre de faire cavalier seul.

Plus généralement, pour progresser à l'échelle internationale, les pays doivent avoir confiance les uns envers les autres : ils doivent avoir le sentiment de comprendre ce sur quoi s'engagent leurs partenaires. Pour faire naître ce sentiment de confiance, un accord international contraignant n'est pas nécessaire. Un formalisme excessif est parfois contre-productif : si les pays doivent s'engager de façon légalement contraignante, le risque est qu'ils s'engagent sur des bases trop peu ambitieuses – moins ambitieuses que dans un cadre moins formel. Et nous devons continuer à nous rappeler que tout ceci ne se rapporte pas seulement à la question de l'énergie – les forêts et l'agriculture sont des émetteurs de premier plan, et une meilleure gestion de ces deux secteurs peut maintenant procurer de grands bénéfices au développement tout en réduisant les émissions, en améliorant la résilience du climat et en luttant contre la pauvreté.

RG : Pour ma part, je pense qu'un accord formel sur un objectif commun de très long terme nous permettrait de faire avancer considérablement la négociation. Dans un article que j'ai écrit avec Thomas Sterner[20], un économiste suédois qui a présidé la principale association d'économistes européens de l'environnement, nous avions proposé de se mettre d'accord pour déclarer qu'il y aura en 2050, pour tous les habitants de la planète, une égalité de traitement en matière de droit d'émission – en un sens à définir. Cette proposition vise à donner corps à l'idée d'un partage égalitaire du fardeau : « Nous mettons en place des mécanismes pour faire en sorte qu'il existe une égalité foncière sur la planète. » Évidemment, un tel partage n'est pas nécessairement optimal : l'équité, par exemple, pourrait conduire à moduler les droits selon la richesse des individus, c'est-à-dire à permettre aux pays

20. Guesnerie-Sterner : « Fixons à 2050 la réduction de 50 % des émissions de CO_2 », *Le Monde* 20-11-2009, et « Big advantages of discussing 2050 », *Financial Times* 9-11-2009.

les moins riches d'émettre plus. Mais comment annoncer quelque chose qui soit symboliquement fort à l'horizon 2050 et qui concerne l'ensemble des parties prenantes aux négociations internationales ?

L'objectif d'un tel accord, portant sur un principe symbolique opérant à moyen ou à long terme, est de changer la dynamique de la négociation dans le court terme, en faisant disparaître la peur de l'effet de cliquet. Le principe n'exclut aucune option sur le chemin intermédiaire, en laissant ouvertes les négociations en réponse aux revendications des pays en développement (faisant référence aux responsabilités passées ou à l'exigence de partage égal du « réservoir restant », compte tenu des objectifs de stabilisation). Mais la touche d'utopie qu'il introduit est sans doute nécessaire pour donner du souffle aux politiques climatiques.

NS : Tout dépend de ce qu'on entend par « égalité des émissions ». S'il s'agit d'accorder à chacun la même quantité de permis, alors je ne suis pas d'accord avec cette proposition. Il est essentiel de bien distinguer les émissions réelles des droits d'émissions. Un individu peut émettre 10 tonnes de CO_2 équivalent (CO_2e) alors même qu'on ne lui a alloué qu'un droit d'émissions de 2 tonnes, pour peu qu'il achète les droits correspondants à 8 tonnes sur les marchés.

À mon sens, l'idée de droits d'émissions égaux résulte d'une lecture inappropriée de la science, de l'éthique et de l'économie. D'un point de vue scientifique, ce qui compte c'est la somme des émissions sur la période, et pas simplement les émissions à une date donnée. Se focaliser sur un objectif d'égalité des émissions à une date donnée ne rend pas pleinement justice à la nature du problème. D'un point de vue éthique, la proposition de droits d'émissions égaux semble sous-entendre qu'il existerait un droit égal à émettre. Or, je ne connais pas d'éthique sérieuse qui sous-tendrait un droit de cette nature. Nous avons tous le même droit de respirer et de profiter des trésors que nous offre la nature, mais il n'est pas évident pour moi que nous ayons tous le même droit de l'endommager. Ce n'est pas parce que nous avons le même droit de profiter d'un parc national que nous avons le droit d'en repartir chacun avec un arbre. Enfin, d'un point de vue économique, il ne faut pas oublier qu'allouer des permis d'émissions, c'est allouer des actifs financiers, quelque chose que nous pouvons vendre et acheter sur des marchés. Dans un monde très inégal, si nous disposons soudain d'un stock d'actifs financiers à partager, est-il raisonnable de le distribuer également, c'est-à-dire indépendamment du niveau de richesse des pays ? Non. Mes arguments suggèrent que « des allocations annuelles égales » ne sont pas suffisamment égalitaires.

RG : L'objectif recherché au travers de cette proposition n'était pas de promouvoir le meilleur choix du point de vue de l'éthique, mais d'éradiquer les bases de l'effet de cliquet, si préjudiciable à une négociation confiante. Par ailleurs, la proposition précédente n'implique pas nécessairement d'allouer également les permis d'émissions en 2050 (même si initialement nous avions tendance à l'associer à cette idée d'égalité et même si elle suggère que les droits par tête ne pourraient être très différents). Il vaut sans doute mieux la voir, en en conservant l'esprit, comme un engagement à l'égalisation tendancielle des émissions réelles par tête en 2050. Plus précisément, on pourrait s'accorder sur l'objectif de limitation des émissions à moins de 2 tonnes de CO_2 équivalent par an et par habitant en 2050. Un tel objectif pourrait être concrétisé de plusieurs façons, par exemple en distribuant équitablement les permis d'émissions, ou bien en les distribuant tous aux pays pauvres. Dans tous les cas, un objectif de ce genre changerait la donne symbolique et le processus de négociation.

Cette proposition a été très diversement accueillie : d'un côté, certains l'ont critiquée en arguant du fait que l'Afrique devrait être autorisée à émettre plus que les États-Unis compte tenu du fait qu'elle est plus pauvre ; mais, à l'inverse, j'ai eu des réactions très positives de collègues indiens. La meilleure formulation de l'idée est sans doute de l'associer à des objectifs pour la planète en 2050, de les traduire en objectifs par tête et de fonder la négociation internationale sur le principe que tous les pays ont les mêmes objectifs d'émissions par tête.

NS : Si c'est ainsi qu'« égalité des émissions » est entendu, alors je partage pleinement cette proposition, et je dirais même plus : c'est une excellente description de ce vers quoi nous devons tendre. Si nous voulons en effet avoir réellement une chance sur deux de limiter la hausse des températures à 2 °C, il faut que le monde émette moins de 20 milliards de tonnes de CO_2e en 2050. Comme la planète comptera environ 9 milliards d'habitants, cela implique des émissions moyennes d'environ 2 tonnes de CO_2e par tête. Peu de monde émettra moins, il ne pourra donc pas y avoir grand monde émettant plus. Si nous voulons respecter l'objectif de 2 °C, il faut donc que les émissions soient partout d'environ 2 tonnes par tête en 2050. Pour que les négociations progressent, il est crucial que tous les pays aient bien conscience de cet objectif.

Un objectif de cette nature ne nous dit rien, cependant, sur la façon d'allouer des permis d'émissions ; on peut même imaginer que les pays riches se voient attribuer des permis négatifs, ce qui les forcerait à acquérir beaucoup de permis auprès des pays en développement, et donc se traduirait par d'importants transferts financiers en direction des pays pauvres. D'un point de vue éthique, il existe des arguments très solides en faveur d'une attribution de tous les permis aux pays en développement.

Ma préoccupation, cependant, est qu'à vouloir être trop radical ou puriste sur les allocations de permis d'émissions, on arrête les progrès dans les négociations. Ce risque existe car les pays riches n'acceptent pas nécessairement une responsabilité historique pour des circonstances où le problème des émissions n'était généralement pas compris. Pas plus qu'ils ne se voient comme des citoyens du monde, d'un monde où chacun aurait les mêmes droits. Or arrêter le progrès, c'est augmenter le danger.

À Cancún, en 2010, l'Inde a proposé, et ce fut accepté, l'idée « d'égal accès au développement durable ». Ainsi, tous les pays s'embarquent dans une transition vers une économie faiblement carbonée et les pays développés fournissent une assistance forte aux pays en développement.

Faut-il à tout prix chercher à conclure un accord légalement contraignant entre États ?

NS : Non. Ce qui est essentiel est de construire des engagements crédibles, peu importe la façon dont ils sont formalisés. En réalisant que nous nous orientons vers une croissance sobre en carbone, les pays vont prendre conscience qu'il existe de nouveaux marchés pour des produits verts, et chercher à entrer sur ces nouveaux marchés ; ils vont chercher à faire ce qui est bon, pour ne pas être les seuls à mal agir. Et ces deux effets se renforcent l'un l'autre. C'est pourquoi la confiance dans le chemin emprunté par les autres pays est cruciale.

Est-ce qu'un accord contractuel, centré sur les émissions, est la meilleure façon de faire naître cette confiance ? Il faut prendre en compte la multidimensionnalité des relations internationales, qui vont bien au-delà des seules questions d'émissions ! Par exemple, la Chine sait bien que si elle refuse de coopérer en matière climatique, elle risque de se voir mener la vie dure par l'OMC ou dans ses investissements extérieurs. Dans ce contexte, nul besoin d'être obsédé par la conclusion d'un accord « légalement contraignant ». Une grande part de la coopération sera implicite. Certains mécanismes sont plus crédibles et plus solides s'ils sont moins formels. La menace d'instaurer un ajustement aux frontières est un mécanisme solide et crédible. Refuser de coopérer dans d'autres dimensions de la gouvernance planétaire également. Je le redis : il serait sans doute contre-productif de chercher à formaliser tout cela. Je pense qu'une coopération informelle entre États, fondée sur la reconnaissance du caractère multidimensionnel de la coopération internationale et des risques qu'il y a à laisser passer le train de la croissance verte, peut nous mener assez loin sur le chemin de la lutte contre le changement climatique. À l'inverse, un formalisme excessif risque de conduire les pays à revoir à la baisse leurs engagements.

L'essentiel est que chaque partie ait confiance dans le chemin emprunté par ses partenaires. La Chine prend des engagements extrêmement sérieux dans ses plans quinquennaux – voir par exemple le 12e plan quinquennal (2011-2015) adopté au début 2011 –; ce serait une grave erreur de les mépriser au prétexte qu'elle refuse de les formaliser dans un accord international. Le plan quinquennal est un contrat entre le gouvernement et le peuple chinois : le gouvernement est jugé sur le respect des objectifs du plan. De mon point de vue, ce genre de contrat crée de la confiance sur le chemin qu'emprunte la Chine. Nous savons que la Chine a choisi ses objectifs en partie en fonction de la discussion internationale. Mais la Chine ne laissera pas ce plan être soumis à une supervision internationale – pas avant de savoir qu'elle sera à même de respecter ses engagements. Dans 5 ou 10 ans, la Chine aura peut-être assez confiance pour rejoindre les traités internationaux. Pour le moment, elle est en phase d'apprentissage, mais les engagements du plan quinquennal sont très sérieux.

Le 12e plan quinquennal, publié et adopté en mars 2011, couvre la période 2011-2015, et montre que la Chine s'est engagée résolument sur le chemin de la croissance sobre en carbone, ce qui n'a pas été apprécié à sa juste valeur par ses partenaires. Le 12e plan quinquennal va enclencher des changements structurels majeurs dans l'économie chinoise, plaçant la Chine à l'avant-garde de la nouvelle révolution industrielle. À titre d'exemple, la Chine va promouvoir 7 domaines industriels stratégiques, dont le secteur des énergies nouvelles (y compris le nucléaire, l'énergie solaire, l'éolien et la biomasse), le secteur des véhicules propres (y compris les véhicules hybrides et la voiture électrique pure), le secteur des biotechnologies (y compris la biomédecine et la bioagriculture), etc. La Chine compte faire passer la part de ces industries dans le PIB de 3 % aujourd'hui à 15 % d'ici à 2020. Le 12e plan quinquennal se fixe aussi pour objectif de réduire de 17 % les émissions par unité de production et de réduire de 16 % la consommation d'énergie par unité de production pendant la période 2011-2015.

J'ai bien plus confiance dans l'action de la Chine telle qu'elle se dessine dans son plan quinquennal que je n'ai confiance dans les engagements formels d'un pays comme le Canada. Mais je ne partage pas non plus la vision naïve selon laquelle tout s'arrangera spontanément si l'on laisse aux pays le soin de formuler des engagements non contraignants. Un accord international est important pour faire naître un climat de confiance. Les engagements pris à Copenhague, à Cancún et à Durban doivent être renforcés.

RG : Je ne suis pas sûr que mon opinion pèse lourd face à celle de Nick sur ce sujet qu'il connaît beaucoup mieux que moi. Et je suis sensible à l'argument selon lequel il faut laisser se créer des petits ruisseaux, dont la conjonction fera les grandes rivières dont on a besoin.

Deux remarques, cependant. D'abord, je conserve la nostalgie d'un grand accord à la Kyoto, qui engageait la communauté internationale dans une aventure collective contractuelle. Bien sûr, 15 ans après la signature du protocole de Kyoto, l'échec est patent. Le grand marché de permis prévu par Kyoto était voué à l'échec, on en a déjà parlé, dès le retrait des États-Unis (le plus gros demandeur de permis) et l'arrivée de la Russie (le plus gros offreur).

Ensuite, aucun accord international formalisé ne peut se concrétiser sans un engagement fort des États-Unis, seul pays susceptible d'assurer le leadership indispensable au respect d'un contrat collectif ambitieux. De ce point de vue, l'abandon du projet de loi Waxman-Markey et le report aux calendes grecques de tout projet alternatif constituent de très mauvaises nouvelles pour la politique climatique. Le projet de loi Waxman-Markey n'était pas particulièrement ambitieux, mais il plaçait *de facto* les États-Unis en position de leader écologique. S'il avait été adopté, la donne de la négociation internationale en aurait été, me semble-t-il, complètement modifiée.

N'est-ce pas un peu utopique de s'en remettre à une approche de simple collaboration ?

NS : Il ne s'agit pas de s'en remettre à la seule bonne volonté des États. Mais je pense, effectivement, que l'approche à privilégier est une collaboration où chaque pays cherche à donner confiance, où les pays récalcitrants courent le risque de sanctions implicites et explicites, et prennent le risque de passer à côté d'une nouvelle révolution industrielle.

De plus en plus, les pays s'engagent sur la voie de la lutte contre le changement climatique parce qu'ils comprennent que c'est la chose la plus juste à faire. Comment expliquer autrement la participation active de petits pays dont les émissions ne sont que de peu de conséquences ? Ils ne se comportent pas comme des passagers clandestins. Le sentiment de responsabilité l'emporte. Je pense que c'est un des éléments de fond derrière le progrès récent des négociations internationales. Le sentiment de responsabilité ne constitue, bien sûr, pas un fondement assez solide pour asseoir la négociation internationale. Mais l'idée que chaque pays ne poursuit que son propre intérêt a aussi ses limites. De plus, beaucoup reconnaissent que leur intérêt passe par une réflexion sur les marchés et les opportunités offertes à l'avenir, et le rôle que tous peuvent jouer en les créant plus tôt et non plus tard.

Il y a 10 ans, la plupart des pays ne montraient que peu d'intérêt pour la croissance sobre en carbone. La Suède était la seule à avoir une taxe carbone – assez peu conforme aux canons économiques, et adoptée principalement parce qu'elle estimait que c'était la bonne chose à faire. De nombreux progrès ont été accomplis depuis.

Je pense qu'on peut dresser un tableau optimiste du futur. Il ne s'agit pas de se montrer béatement optimiste, mais simplement de dire qu'il existe un chemin crédible où le développement se conjugue avec la réduction des émissions ; où les pays aboutissent à un accord international par la négociation. Je pense qu'avoir conscience de ce futur possible est une condition nécessaire pour qu'il se réalise. Je ne soutiens nullement que chacun va se comporter spontanément de façon bienveillante, mais je fais la double observation qu'il existe quelque chose, dans la nature humaine, qui prend la notion de responsabilité au sérieux, et que si nous adoptons de bonnes politiques climatiques, il existe un chemin de croissance « vertueux ».

On peut distinguer deux cas polaires assez naïfs : un premier équilibre dans lequel chaque pays ne participe que volontairement, selon des motivations éthiques plus ou moins fortes, et un deuxième équilibre, celui d'un accord international contraignant gravé dans le marbre (dont le respect serait assuré par qui ? une force de police extraterrestre ?) Ces deux cas polaires ne permettraient sans doute pas de réduire les émissions autant que nécessaire, ni l'un ni l'autre. Nous avons besoin d'un entre-deux, d'une certaine dose de formalisme et d'une certaine dose d'informalité.

Dans la pratique, le rôle d'un accord international est de nous aider à comprendre ce que les autres font pour lutter contre le changement climatique. En un mot, un accord international sert à produire de la clarté. Cette clarté est nécessaire pour favoriser l'investissement dans les nouvelles technologies : les investisseurs ont besoin d'être assurés qu'ils ne seront pas déloyalement concurrencés par des industries n'adoptant pas les mêmes standards environnementaux ; ils ont besoin de savoir qu'ils pourront compter sur un large marché pour commercialiser leurs innovations.

L'essentiel est de parvenir à un accord politique structuré, dans lequel chaque pays partage ses plans, prend au sérieux le fait que tous les autres pays s'appuient sur les plans qu'il annonce, et a conscience que le non-respect de ses plans se traduira par des sanctions, sous une forme ou une autre. Les pays riches doivent faire preuve d'une responsabilité particulière.

RG : Je voudrais être aussi optimiste, mais ce n'est sans doute pas dans mon tempérament. Le manque de contrôle à l'échelle internationale pose parfois de graves problèmes. Prenons un exemple : après Fukushima, les Chinois ont annoncé qu'ils allaient non pas annuler mais accélérer leur programme nucléaire. C'est plutôt une bonne nouvelle du point de vue de la politique climatique, car, même si je ne sous-estime pas le risque nucléaire, j'ai le sentiment que le risque climatique est, sur une sorte d'échelle de Richter des risques, d'un ordre de grandeur incontestablement supérieur. Ce que l'on peut redouter, et que j'ai cru comprendre (mais je me trompe peut-être), c'est que les Chinois envisagent de développer des centrales *low cost* dont la fiabilité en zone sismique n'est pas garantie – c'est le moins qu'on puisse dire. En la matière, davantage de contrôle international est à la fois possible et nécessaire. L'American Academy of Arts and Sciences y réfléchit depuis plusieurs années, et toute une série de propositions susceptibles d'être rendues opérationnelles ont déjà été formulées. À nouveau le retrait américain n'arrange pas les choses…

Pourquoi le sommet de Copenhague a-t-il déçu ?

NS : En décembre 2009 à Copenhague, l'ambiance était froide et l'organisation chaotique ; de nombreuses personnes ne pouvaient pas rentrer ; les négociateurs étaient énervés. Les résultats de la conférence ont été décevants à de nombreux points de vue – mais ils auraient pu être pires, car la conférence de Copenhague a posé les jalons pour la suite des négociations.

Un des problèmes fondamentaux à Copenhague est que les pays ne se sont pas compris et ne se sont pas fait confiance. Le monde en développement n'était pas encore prêt à reconnaître sa propre responsabilité vis-à-vis des générations futures. Le sentiment d'injustice vis-à-vis des émissions passées des pays riches l'emportait. Les pays en développement n'étaient pas convaincus de la sincérité avec laquelle les pays riches s'engageaient à réduire leurs émissions, ni de la sincérité avec laquelle ils reconnaissaient leurs obligations. Ils avaient peur que ne soit abandonné le principe de « responsabilité commune mais différenciée » et de se voir imposer des contraintes légales qui ralentiraient leur développement.

Ces craintes ont été renforcées lors du sommet lorsque les pays en développement ont eu l'impression que les pays riches préparaient entre eux un projet d'accord pour le « vendre » ensuite aux pays en développement, ce qui les a braqués et les a rendus particulièrement méfiants. La crainte des pays en développement n'était pas tout à fait infondée : ce type d'habitude typique de l'ère du G8 subsiste malheureusement encore. Il est grand temps que les pays riches s'en défassent.

De l'autre côté, les pays riches avaient l'impression que les pays en développement ne comprenaient pas bien l'arithmétique élémentaire des flux d'émissions. Certains pays craignaient pour la compétitivité de leurs industries, ou bien avaient l'impression qu'on leur demandait des réductions d'émissions complètement irréalistes. La plupart des négociateurs à Copenhague n'avaient que des mandats limités, ils ne pouvaient agir que dans le cadre de contraintes politiques et institutionnelles internes particulièrement strictes. D'une façon générale, les situations politiques particulières à chaque pays étaient mal comprises des autres pays. Peu de négociateurs avaient la possibilité de passer des compromis, la plupart venaient avec une « ligne rouge » à ne pas dépasser, plutôt qu'avec une attitude coopérative.

Un sujet de tension récurrent a trait à la surveillance et à la vérification des émissions. À Copenhague, la plupart des pays riches avaient l'impression que les pays pauvres refusaient qu'on surveille leurs émissions. Il est vrai que quelques pays en développement considèrent qu'il s'agit d'une violation de leur souveraineté et qu'ils n'ont pas à se voir imposer des objectifs puisqu'ils ne sont pas signataires de l'Annexe B du protocole de Kyoto. La surveillance et la vérification des émissions font naître chez certains la crainte de voir leurs entreprises espionnées.

Malgré tout, de nombreux progrès ont été réalisés à Copenhague. Pour la première fois, la Chine et les États-Unis ont présenté des objectifs de réduction d'émissions à l'horizon 2020. Le résultat de la conférence, l'Accord de Copenhague, a fourni une plateforme qui s'est révélée essentielle pour la suite des négociations.

Pourquoi le sommet de Cancún a-t-il mieux réussi que celui de Copenhague ?

RG : Juste un mot. Que Cancún ait été un progrès par rapport à Copenhague correspond à mon sentiment. J'ai cependant entendu des opinions contraires de personnes que je respecte, mais à vrai dire sans être sûr d'avoir bien compris l'argumentaire…

NS : Cancún a profité de Copenhague, pour deux raisons. D'abord, le succès de Cancún n'aurait pas été possible sans l'agenda d'actions défini à Copenhague. À Cancún, les pays de la CCNUCC ont cherché à concrétiser les engagements pris à Copenhague – l'Accord de

Copenhague n'avait été que « noté » par les pays parties à la CCNUCC.

Ensuite, à Cancún les négociateurs étaient choqués par leur échec collectif de l'année précédente ; ils voulaient éviter de répéter leurs erreurs. L'attitude de la Chine a été profondément modifiée par la mise au point du 12e plan quinquennal. Les États-Unis étaient davantage disposés à discuter d'accords plus flexibles, à faire confiance à d'autres mesures des émissions que les leurs. Les pays en développement avaient davantage conscience de leur responsabilité vis-à-vis des générations futures – avec, rappelons-le, 8 milliards d'habitants sur 9 milliards à l'horizon 2050, cette prise de conscience est inévitable.

L'atmosphère était différente, on pouvait le sentir dès le début. En particulier, l'organisation mexicaine était excellente, sous l'impulsion du président Felipe Calderon et de la ministre des Affaires étrangères Patricia Espinosa.

Entre Copenhague et Cancún, le sentiment que la lutte contre le changement climatique est une bonne chose s'est répandu et amplifié. C'est un processus endogène. À Cancún, le Nigeria a menacé de se retirer des négociations. La Colombie est intervenue pour dire : « Assez des menaces ; apprenons de notre échec à Copenhague. Il s'agit de coopérer, pas de se menacer. » Et les propos du représentant de la Colombie ont été accueillis par une *standing ovation*. Voilà un aspect des choses que les économistes, de mon point de vue, écartent trop rapidement.

Un changement essentiel est en cours : de plus en plus de pays réalisent à quel point la croissance sobre en carbone est attractive ; ils réalisent que le futur est là ; que prendre la mesure de l'enjeu climatique – et s'y attaquer sérieusement – pourrait déboucher sur une nouvelle ère de croissance, une nouvelle révolution industrielle qui contribuera à sortir des millions de personnes de la pauvreté. Cette prise de conscience est un motif d'espoir particulièrement fort[21].

21. Un mot sur Durban, qui vient après ces échanges. Quatre conclusions importantes peuvent être soulignées (i) Accord sur la « plateforme Durban » comme base d'un nouvel accord pour 2015. (ii), dans cet accord, abandon de la distinction entre les pays de l'annexe 1 et les autres et engagement partagé avec la même force juridique. (iii) Reconnaissance du « fossé » entre les cibles d'émissions pays par pays et l'objectif à atteindre pour préserver une chance raisonnable de limiter l'accroissement de température à 2 °C. (iv) Un fonds « Green Climate » est établi pour transférer des ressources entre pays développés et pays en développement pour l'adaptation et la réduction d'émissions. C'est un progrès important, mais modeste.
En bref, un pas en avant vers des politiques climatiques mais à un rythme qui rend improbable l'atteinte de l'objectif de moins de 2 °C, sauf forte accélération très bientôt.

Achevé d'imprimer en France
sur les presses de l'imprimerie EMD

Numéro d'éditeur : 090628-01

Numéro d'imprimeur : 27095

Dépôt légal : octobre 2012